COPYRIGHT © 2016 **Editora Serpente**
AUTOR **Ricardo Gozzi**
COORDENADOR EDITORIAL **Alexandre Linares**
FOTOS **Joka Madruga**
REVISÃO **Lilian Aquino e Victor da Rosa**
CAPA **Gustavo Piqueira / Casa Rex**

Dados Internacionais de Catalogação na Publicação (CIP)

G725 Gozzi, Ricardo

Educação sob ataque: resistência e luta dos educadores no Paraná / Ricardo Gozzi. São Paulo: Campos, 2016

192 p.; Il.

ISBN 978-85-63137-68-5

1. Política. 2. Sociologia. 3. Educação. 3. Direitos Sociais. 4. Lutas de Classes. 5. Movimentos Sociais. 6. Movimento dos Trabalhadores. 7. Greve. 8. Greve dos Professores. 9. Sindicatos. 10. Violência do Estado. 11. Violência Policial. 12. Paraná. 13. Gestão Beto Richa. 14. História do Brasil. 15. História do Paraná. I. Título. II. Resistência e luta dos educadores no Paraná. III. 30 de agosto de 1998. IV. Outubro de 2014. V. fevereiro de 2015: da bancada do camburão ao fim do tratoraço. VI. 29 de abril: o massacre.

CDU 323.4   CDD 301

Catalogação elaborada por Ruth Simão Paulino

EDITORA CAMPOS
Rua Araújo, 124   1º andar   01220-020   São Paulo   SP

educação sob ataque

resistência e luta
dos educadores
no paraná

ricardo gozzi

introdução 7

30 de agosto de 1988 14

    os cavalos de álvaro dias 15

    praça de guerra 19

outubro de 2014 26

    a reeleição de beto richa 27

    o paraná no brasil e no mundo 35

    a trajetória de beto richa 39

    como beto richa quebrou o paraná 43

    os educadores como alvo 49

fevereiro de 2015: da bancada do camburão ao fim do tratoraço 56

    a primeira greve de 2015 57

    a ocupação da assembleia legislativa 60

    a bancada do camburão 65

    a retirada do pacotaço e o fim do tratoraço 69

    tribunal de faz de contas 73

    prosseguem as negociações 76

    greve entra pela terceira semana 78

    solidariedade 81

    professores convocam assembleia 84

    judicialização e suspensão da greve 87

    um balanço da greve 90

29 de abril: o massacre 94

tentativa de campanha salarial 95

a gestação de um novo confronto 98

assim nasce um massacre 102

disputas na justiça 108

nervos à flor da pele 110

um massacre "sob a proteção de deus" 114

notícia de um massacre 118

em assembleia, educadores decidem
por continuidade de greve 126

castelo de cartas 128

cai a máscara 133

abertura ao diálogo 139

a intransigência do governo 141

escândalos de corrupção
complicam governador 146

greve geral 149

o massacre revisitado 156

richa intensifica ofensiva
contra grevistas 159

uma nova proposta de reajuste 160

educadores encerram greve 162

duas semanas depois do fim da greve,
assembleia ratifica reajuste 166

plano estadual de educação
causa polêmica 170

o "supersalário" dos
professores paranaenses 172

a ofensiva do governo continua 177

ministério público denuncia richa,
francischini e coronéis da pm 180

em julgamento simbólico,
richa é responsabilizado pelo
massacre do centro cívico 183

introdução

O agente penitenciário paranaense Cláudio Franco acabara de completar 43 anos. Era fim de abril de 2015 e ele aproveitou para tirar alguns dias de folga do estressante trabalho na carceragem do Complexo Médico Penal de Pinhais, na região metropolitana de Curitiba. Marcado para morrer por facções criminosas depois de ajudar a desbaratar um esquema de entrada clandestina de telefones celulares e drogas no presídio onde trabalha, Cláudio pretendia se distanciar um pouco da tensa realidade cotidiana e engajar-se na queda de braço entre governo e servidores públicos paranaenses que se arrastava desde o início do ano. "Eu participo de todo evento que ameaça a minha categoria", explica. O período de folga coincidiu com a segunda investida em menos de três meses do governador do Paraná, Beto Richa (PSDB), ao fundo de previdência dos servidores públicos do Estado. O governador pretendia transferir ao cofre geral do estado cerca de R$ 8 bilhões em depósitos efetuados exclusivamente pelos servidores ao longo dos anos com vistas a suas aposentadorias.

Ao decidir participar das manifestações de funcionários públicos contra a iniciativa do governador, Cláudio viu a discrição com que zela sua vida pessoal ser arrastada para longe ao ter o rosto ensanguentado fotografado logo depois de ser atingido em cheio por uma bala de borracha disparada por um policial. A imagem do fotógrafo Giuliano Gomes correu o mundo e transformou-se em um dos símbolos da brutalidade do governo paranaense contra os funcionários públicos na tarde de 29 de abril.

Era uma quarta-feira, mas desde o fim de semana a PM vinha se preparando para uma operação de guerra. Centenas de policiais foram levados de cidades do interior à capital para cercar o Legislativo estadual e impedir a entrada dos manifestantes. A medida era amparada em um interdito proibitório, ação judicial equivalente a uma reintegração de posse preventiva, concedido por um juiz local para que os deputados estaduais pudessem consumar a estratégia de Richa para ganhar acesso a bilhões de reais depositados no fundo previdenciário e assim reverter um cenário de iminente colapso financeiro verificado no crepúsculo de seu primeiro mandato como governador. Em reação a isso, ao mesmo tempo em que centenas de servidores acampavam na região do Centro Cívico – professores em sua maioria –, milhares de outros funcionários públicos passaram a ir diariamente à região para protestar contra a iniciativa do governo.

Cláudio Franco faz parte deste segundo grupo. Ele mora na região central de Curitiba, perto do consultório onde oferece tratamento psicológico gratuito a seus colegas de profissão. Além de agente penitenciário concursado, Cláudio é psicólogo e professor. Naquele dia, ele deixou sua residência logo cedo e perto das 9h da manhã chegou à Praça Nossa Senhora de Salette, epicentro dos protestos. A aglomeração aumentou com o passar das horas e por volta das 14h30 mais de 20 mil pessoas encontravam-se em frente à Assembleia Legislativa do Paraná, onde seria votado o projeto de lei por meio do qual Beto Richa pretendia apropriar-se do fundo de aposentadoria custeado pelos servidores públicos.

Cláudio foi para o protesto daquele dia vestindo uma farda do Departamento de Execução Penal (Depen) paga do próprio bolso, uma vez que o Estado não fornecia novo enfardamento aos agentes penitenciários havia pelo menos quatro anos. Mas nem a farda foi suficiente para inibir a truculência da Polícia Militar do

Paraná. A tensão era quase palpável. Faltava apenas um estopim para a consumação da tragédia. E ele veio na forma da pressão de um pequeno grupo de manifestantes às grades da Assembleia Legislativa pouco antes das 15h. Não se tratou de uma pressão orquestrada ou organizada sobre as grades, mas de um foco isolado e espontâneo de descontentamento com o início da sessão parlamentar. Para a PM de Beto Richa, porém, foi o suficiente para dar início à repressão. Naquele instante, Cláudio encontrava-se perto do cordão de isolamento estabelecido pela PM em frente à Assembleia. Ele conversava com outros manifestantes e não se deu conta de que a polícia havia partido com toda força para cima dos servidores depois da pressão sobre as grades. As pessoas que estavam mais próximas do foco original do início da repressão saíram correndo desesperadamente para escapar do avanço da PM.

No meio do caótico corre-corre, uma senhora caiu no chão bem na frente de Cláudio. "Ela ia ser pisoteada, então me aproximei para ajudá-la a se levantar", conta o agente penitenciário. Ele agachou-se, ergueu a mulher pelas axilas e uma pessoa que vinha correndo atrás ajudou-a a se afastar. Quando ia se levantar, Cláudio percebeu que seu par de óculos escuros havia caído no chão. Ele pegou os óculos, colocou-os no rosto e, quando se levantou com o objetivo de afastar-se, descobriu-se de frente para um policial da Tropa de Choque com uma arma apontada para seu rosto. "Em nenhum instante pensei que ele fosse atirar. Achei que fosse me reconhecer como um colega de farda. Afinal, ele pertence à mesma secretaria que eu", conta Cláudio. "Achei que uma bomba tivesse explodido perto de mim e meus tímpanos tivessem estourado por causa do deslocamento de ar", relembra. Mas não se tratava de uma bomba. Um tiro de bala de aço revestida de borracha disparado à queima-roupa pelo soldado da Tropa de Choque da PM atingira em cheio o lado esquerdo do rosto de Cláudio. O impacto da munição deixou-o desorientado, fraturou seu maxilar superior e quebrou no meio um de seus molares. Fosse munição real, a PM teria inadvertidamente prestado serviço às facções criminosas interessadas na morte do agente penitenciário. Nos meses seguintes, Cláudio precisou de duas cirurgias plásticas de reconstrução, ambas pagas com recursos próprios.

Mas a quarta-feira ainda estava longe do fim. A situação se acalmaria apenas depois de aproximadamente duas horas de um bombardeio incessante. Trabalhando noite adentro, funcionários da prefeitura de Curitiba tiveram dificuldade para contabilizar todos os feridos. Amigos, familiares, companheiros de trabalho e dirigentes sindicais percorriam hospitais para localizar e verificar o estado de saúde das vítimas, prestar alguma forma de ajuda ou pelo menos manifestar sua solidariedade.

Integrantes do governo do Paraná repetiam o discurso de responsabilizar os servidores públicos em greve, na tentativa de culpar a vítima pela violência policial. As cenas registradas eram tão fortes que nenhum dos noticiários televisivos transmitidos em rede nacional na noite de 29 de abril de 2015 teve como fugir do assunto. As imagens percorreram o mundo na velocidade da luz e os episódios de repressão ocorridos na capital paranaense ocuparam lugar de destaque nos sites dos principais veículos de comunicação nacionais e internacionais.

"Meu celular começou a vibrar um pouco depois [do tiro]", diz Cláudio. "Era meu filho perguntando se eu estava bem. Eu não queria deixá-lo preocupado, respondi que sim e quis saber por que ele estava perguntando aquilo. Ele respondeu: 'por isso', e mandou uma foto junto na mensagem. Era minha foto com o rosto todo ensanguentado. Circulou muito rápido. Eu só soube como estava meu rosto quando vi a foto que meu filho mandou pra mim", prosseguiu o agente penitenciário.

A principal pergunta naquele momento era: como Curitiba, cidade tida como modelo não apenas no Brasil, mas também em outros cantos do mundo, tornara-se palco de ato tão violento e brutal como aquele?

Parte da mídia nacional, simpatizante do governador e de seu partido, apressou-se na tentativa de encontrar alguma explicação que justificasse a violência da ação policial. Alguns compraram a versão oficial de infiltração de supostos anarquistas e *"black blocs"* entre os manifestantes. Outros falaram de "confronto". Sim, um confronto que tinha de um lado servidores públicos desarmados – a maioria, professores – e do outro tropas de repressão armadas com fuzis, granadas, bombas e toda a tecnologia disponível. Mas as imagens que circularam o mundo falavam por si.

Nas primeiras horas da noite, o episódio já tinha nome e sobrenome. Para uns, o Massacre de Curitiba; para outros, o Massacre do Centro Cívico. O caos provocado pela repressão policial foi tamanho que a sede da Prefeitura de Curitiba transformou-se num pronto-socorro improvisado pelo qual passaram 213 pessoas com algum tipo de ferimento. Quarenta e três feridos em estado mais grave, muitos deles alvejados em pontos vitais pelas balas de borracha, precisaram de transferência, sendo 36 para o Hospital do Cajuru e sete para o Hospital do Trabalhador. Mas até as ambulâncias tiveram dificuldade para chegar às vítimas, tamanho era o bombardeio.

A truculência policial não poupou idosos, crianças nem deficientes físicos. Ficaram famosas as imagens de homem de cadeira de rodas fugindo das bombas. Sobrou até para um deputado e para um cinegrafista, mordidos por cães de ataque da Polícia Militar (PM) já dentro das dependências da Assembleia Legislativa do Paraná. Houve também 25 soldados da PM atendidos pelo serviço ambulatorial da Assembleia, todos eles com sintomas de intoxicação por gás lacrimogêneo.

Pelo menos 13 pessoas foram detidas, entre elas um menor de idade. O governo tentou, desde antes do início dos atos de repressão, rotular parte dos manifestantes como *"black blocs"*, mas a alegação logo foi desqualificada pela Defensoria Pública do Paraná.

Dados de um ofício entregue pela Polícia Militar ao Ministério Público de Contas do Paraná quase um mês depois dos tristes acontecimentos em Curitiba dão uma dimensão não apenas do massacre, mas de como o governo preparou-se para o ato. A ação repressiva realizada em 29 de abril de 2015 contou com a participação de 1.661 policiais, 15% de todo o contingente da PM paranaense. Durante quase duas horas de repressão, os policiais dispararam contra professores, alunos, servidores públicos e outros manifestantes um total de 2.323 balas de aço revestidas por borracha, 1.094 granadas de "efeito moral" e 300 bombas de gás lacrimogêneo de longo alcance. Ou, para melhor entendimento, uma bomba a cada 24 segundos, nove granadas por minuto e um tiro de bala de borracha a cada três segundos. Tudo isso junto e misturado. Sem trégua.

As despesas do governo com a operação policial totalizaram R$ 948 mil, levando em conta apenas as munições e as diárias extras pagas aos policiais deslocados do interior para a capital – muitos dos quais foram obrigados posteriormente a devolver ao governo o dinheiro destinado à sua alimentação. Não entraram nessa conta as despesas com socorro aos feridos nem as indenizações que o Estado provavelmente terá de pagar às vítimas no futuro próximo. Nos dias que se seguiram ao massacre, uma campanha veiculada pelo governo na mídia local custou aos cofres paranaenses R$ 2,7 milhões, sendo que a RPC, afiliada local da Rede Globo, ficou com nada menos que R$ 1,2 milhão, ou 44,4% do total.

Para um governo que se propunha a impor perdas aos servidores públicos paranaenses para reduzir as despesas do Estado, gastar quase R$ 4 milhões em apenas algumas horas de ação policial contra servidores e em uma campanha de publicidade destinada a justificar a repressão e o assalto à previdência é, para dizer o mínimo, contraditório.

As próximas páginas vão tratar do contexto em que essas ações aconteceram, baseadas em grande parte nas reportagens que escrevi enquanto cobria as greves dos professores em 2015 a serviço da Rede Brasil Atual (RBA). As imagens são do fotógrafo Joka Madruga.

Existe um consenso segundo o qual a história costuma ser narrada a partir do ponto de vista dos vitoriosos. Privilegia-se a interpretação dos detentores do poder. Em contraponto a isto, a narrativa a seguir privilegiará o ponto de vista dos educadores e dos demais funcionários públicos paranaenses que resistiram à investida do rolo compressor do Estado contra seus direitos trabalhistas e suas futuras aposentadorias. Os principais agentes públicos envolvidos no massacre dos servidores públicos foram procurados durante a elaboração deste livro para darem suas versões dos acontecimentos, mas as solicitações de entrevista não foram respondidas por seus assessores. Por esse motivo, as versões oficiais apresentadas e analisadas mais adiante estão restritas ao que é de conhecimento público.

30 de agosto de 1988

os cavalos de álvaro dias

Em 1988, o Brasil ainda vivia a transição da ditadura para a democracia. O quadro era de efervescência política. A Constituição de 1988 atravessava seus momentos finais de tramitação pelo Congresso Nacional, mas ainda não havia sido promulgada. O direito dos servidores públicos à greve, por exemplo, não estava devidamente regulamentado.

Os professores da rede pública estadual de ensino do Paraná estavam parados desde o início de agosto daquele ano. Eram tempos de inflação galopante, algo que escapa à compreensão das gerações mais novas. Eles reivindicavam, entre outras coisas, reajuste de 200% para repor as perdas para o que, à época, convencionou-se chamar de "dragão da inflação". Exigiam também o cumprimento de promessas de campanha dirigidas ao magistério, como a regulamentação da lei que pela primeira vez estabeleceria um piso salarial para a categoria.

Os argumentos do governador Álvaro Dias, para não ceder às demandas dos educadores, iam da falta de verba à falta de "tempo" para analisar as reivindicações. O que faltava, na verdade, na interpretação da então presidente da Associação dos Professores do Paraná (APP), Isolde Andreatta, era interesse em investir na educação.

30 de agosto de 1988, data de luta e de luto: polícia paranaense avança contra educadores em greve. Ao longo de quase três décadas, os professores da rede pública estadual se esforçaram para manter a memória viva e assim tentar evitar que a história se repetisse. *(Foto: Arquivo da APP-Sindicato)*

Naquele momento que antecedia a promulgação da Constituição garantindo o direito à greve, a paralisação dos professores poderia até ser rotulada como ilegal, mas não era ilegítima. "O sindicalismo brasileiro vivia uma ascensão muito grande", observa o ex-deputado estadual paranaense Angelo Vanhoni, então dirigente do Sindicato dos Bancários do Paraná. A própria APP passaria a ser aceita formalmente como entidade sindical em 1989.

Os acontecimentos que culminaram na greve de agosto de 1988 tiveram início dois anos antes, quando o então governador José Richa (PMDB) criou, nos meses finais de seu mandato, um piso vinculado ao salário mínimo para professores em todo o Paraná. Mas José Richa deixou o governo sem regulamentar a lei. A vinculação do piso ao salário mínimo tinha a intenção de restringir a defasagem dos salários naqueles tempos de inflação galopante.

Em agosto de 1988, o sucessor de José Richa, Álvaro Dias, eleito pelo mesmo partido, ainda não havia regulamentado a lei do piso. Os professores buscavam a abertura de um canal de diálogo com o novo inquilino do Palácio Iguaçu, mas Álvaro Dias delegava a tarefa a assessores.

"Lembro que nas greves de 1981 e 1982, o então deputado Álvaro Dias esteve várias vezes em assembleias da categoria, como político, e defendia nossas posições e pautas. Ele se apresentava como professor e era do norte do estado", relembra Isolde Andreatta, que em junho de 1988 foi eleita presidente da APP. "Quando no cargo, [Álvaro Dias] não correspondia às expectativas dos professores, não negociava com a APP. Desde 1987, estávamos esperando por uma negociação efetiva das questões pendentes da pauta de reivindicações e não recebíamos resposta do governo do estado", disse Isolde.

Descontente com a falta de disposição ao diálogo por parte do Executivo, um grupo de aproximadamente 100 professores ocupou o plenário e as galerias da Assembleia Legislativa na tarde de 16 de agosto de 1988, onze dias depois da deflagração da greve. "Não estávamos apenas reivindicando salários, estávamos cobrando promessas e cumprimento de leis", explica Isolde.

Policiais impedem professores em greve de se aproximarem do Palácio Iguaçu na tarde de 30 de agosto de 1988. *(Foto: Arquivo da APP-Sindicato)*

No decorrer da paralisação, como é comum na mídia conservadora nacional, os grevistas foram retratados como desordeiros que reclamavam de barriga cheia, e o governador, como vítima de uma suposta intransigência dos educadores. Nos dias que se seguiram à ocupação, enquanto a mídia local noticiava que os professores estavam depredando a Assembleia, o que posteriormente comprovou-se falso, os protagonistas acabaram isolados ali e tiveram, por isso, dificuldade em dar sua versão dos fatos. Ninguém podia entrar, e quem quisesse sair não podia voltar.

O clima no interior da Assembleia, então presidida por Aníbal Khury, em alguns momentos chegou a atingir requintes de terror psicológico. Houve ocasiões em que as luzes foram acesas por funcionários da Assembleia no meio da madrugada. Em outras noites, as luzes não foram nem ao menos apagadas. Os grevistas não tinham acesso ao quadro de luz. Seguranças também fizeram circular entre os professores rumores de um suposto plano para colocar um gás tóxico nos dutos de ventilação do plenário. Momentos depois, muitos deles se assustaram quando uma fumaça esbranquiçada começou a entrar no recinto pelo sistema de ar-condicionado, mas logo perceberam que não havia gás tóxico nenhum.

Com o passar dos dias, o grupo que ocupava a Assembleia foi se reduzindo paulatinamente, mas os principais dirigentes e integrantes do comando de greve da APP à época permaneceram, entre eles a presidente Isolde Andreatta. Em uma época em que a telefonia celular ainda não havia chegado ao Brasil, os contatos entre os professores que ocupavam a Assembleia e o restante da categoria era feito por intermédio de conversas e bilhetes passados pelas grades da Assembleia. Não houve ocupação da Praça Nossa Senhora de Salette, mas professores e estudantes montaram barracas em frente ao Tribunal de Justiça (TJ) e forneciam alimentos, remédios e mudas de roupa aos que estavam dentro da Assembleia.

praça de guerra

No início da tarde de 30 de agosto, os docentes se concentraram na Praça Rui Barbosa, no centro de Curitiba, e saíram em passeata rumo à Praça Nossa Senhora de Salette para protestar em frente à Assembleia e ao Palácio Iguaçu. O ato foi sugerido pelos dirigentes da APP que se encontravam no interior da Assembleia. "A ideia era reconectá-los com a massa", recorda Arnaldo Vicente, então assessor de núcleo da entidade e um dos encarregados da comunicação entre a direção e os professores mobilizados fora da Assembleia.

A solidariedade de outras entidades sindicais e de setores organizados da sociedade civil foi fundamental para a mobilização dos professores paranaenses em 1988. Apesar de seus mais de 40 anos de existência na época, a APP ainda não dispunha da estrutura e da capacidade de mobilização que adquiriria com a consolidação da democracia e a regulamentação da atividade sindical no Brasil. Das cerca de 10 mil pessoas que estavam na Praça Rui Barbosa naquela tarde, participantes estimam que aproximadamente a metade pertencia a sindicatos de outras categorias, solidários às reivindicações dos educadores. "Tivemos apoio de lideranças religiosas, da OAB, de lideranças políticas, dos grêmios estudantis...", recorda Isolde.

A passeata era organizada a partir do imponente Haroldo e da modesta Jabiraca. A Jabiraca era uma Brasília amarela de propriedade da APP. Dotada de alto-falantes no teto, era conduzida por Arnaldo Vicente, que também comandava o microfone e seguia algumas dezenas de metros à frente do Haroldo. Haroldo era o nome do imenso caminhão de som emprestado pelo Sindicato dos Bancários do Paraná para orientar os professores no trajeto até o Centro Cívico. Tratava-se de um dos primeiros caminhões de som daquele porte de propriedade de um sindicato no estado, e a APP pediu emprestado o veículo com o objetivo de orientar sua mobilização. Alguns diretores do Sindicato dos Bancários eram contrários ao empréstimo, mas foram voto vencido. Como condição para emprestar o Haroldo, a direção do Sindicato dos Bancários determinou que pelo menos um diretor da entidade acompanhasse o veículo, missão para a qual Angelo Vanhoni foi designado.

Para impedir que os manifestantes chegassem de forma organizada ao Palácio Iguaçu e à Assembleia, a PM paranaense estabeleceu um cordão de isolamento em frente à Prefeitura de Curitiba. O bloqueio pegou de surpresa os manifestantes. Tratava-se de mais um dentre tantos conflitos entre patrão – no caso o Estado – e empregados – os professores. Frente a frente, porém, estavam servidores da educação e servidores da segurança pública. E o Estado servia-se de ambos para impor seus interesses.

A presença policial era esperada, mas os organizadores não imaginavam um contingente tão grande. "Só ficamos sabendo que o Centro Cívico estava coalhado de policiais quando chegamos com a passeata. Não tinha muito jeito de saber", relembra Arnaldo.

Muitas vezes chamado de "Praça dos Três Poderes" de Curitiba, o Centro Cívico é um bairro vizinho à região central da capital paranaense conhecido principalmente pelos palácios e edifícios governamentais posicionados em torno da Praça Nossa Senhora de Salette. O Palácio Iguaçu é a sede do Poder Executivo. Em torno dele encontram-se a Assembleia Legislativa do Paraná, o Tribunal de Justiça, o Tribunal de Contas e o Palácio das

Araucárias, sede de parte das secretarias de governo paranaenses. Também se situam no Centro Cívico o Palácio 29 de Março, sede da prefeitura de Curitiba, o prédio do Ministério Público Estadual e o edifício do Banco Central do Brasil na capital paranaense. Curitiba tornou-se, na década de 1950, a primeira cidade do Brasil a dispor de um Centro Cívico. O conceito acabou replicado em diversas outras cidades brasileiras e teve seu irmão mais famoso construído em Brasília: a Praça dos Três Poderes.

Ao chegarem ao Centro Cívico em 30 de agosto de 1988, os grevistas foram informados que poderiam seguir a pé, mas os carros de som não teriam autorização para passar pelo cordão. A intenção não declarada da PM era dificultar a organização dos manifestantes. "Onde já se viu? Ditadura civil!", entoava Arnaldo no microfone da Jabiraca. Ao avançar com a Brasília, Arnaldo percebeu que o pequeno espaço deixado entre duas viaturas policiais no bloqueio era suficiente para que o carro passasse. Ao ser abordado pela PM, Arnaldo recebeu ordens para desligar o carro e deixá-lo engatado, mas avisou que deixaria o veículo alinhado e em ponto morto. Ele também manteve o microfone aberto, permitindo que os manifestantes ouvissem o diálogo com a polícia. A multidão que vinha atrás, então, empurrou a Jabiraca, que atravessou o bloqueio policial nos braços dos manifestantes.

"Os policiais não queriam nos impedir de chegar até a praça. Eles queriam impedir que a gente entrasse de forma organizada, e o carro de som nos organizava. Por isso era tão importante para eles interceptarem os carros de som", avalia Arnaldo.

O incidente deu início à primeira escaramuça da tarde de 30 de agosto. A tensão excitou os cães da tropa de choque e a situação saiu de controle quando a PM começou a usar bombas de gás lacrimogêneo. As explosões assustaram os cavalos da polícia, que empinaram para cima dos professores. Ao tentarem impedir o avanço da Brasília, policiais arremessaram uma bomba de gás lacrimogêneo no interior do veículo. Arnaldo desmaiou por causa da explosão. Enquanto isso, a Tropa de Choque da PM investiu contra os manifestantes que empurravam o carro para dentro do perímetro estabelecido pelas forças de segurança. Arnaldo foi jogado para fora da Jabiraca, e os policiais assumiram o controle do veículo.

Outros confrontos se seguiram. Minutos depois do primeiro conflito foi a vez de o Haroldo chegar ao cordão de isolamento. Em cima do caminhão de som, Angelo Vanhoni, que anos mais tarde se elegeria deputado estadual e concorreria à prefeitura de Curitiba pelo Partido dos Trabalhadores (PT), usava um microfone para tentar organizar os manifestantes que vinham atrás. Ele orientava o motorista a seguir em frente, mas o Haroldo era grande demais para atravessar o bloqueio. Havia duas grandes floreiras no caminho e alguns manifestantes tentaram afastá-las. Quando estavam prestes a conseguir, os policiais reagiram e a PM interceptou o veículo. O motorista, identificado apenas como Marcelo, foi retirado à força, e um sargento da PM assumiu o comando do caminhão. Diante da ação policial, dirigentes da APP que acompanhavam Vanhoni no alto do Haroldo desceram para acudir os manifestantes, deixando-o sozinho ali em cima.

O caminhão então começou a recuar. "Pra frente, vamos", gritava Vanhoni no microfone. "Marcelo, não é pra trás. Não tenha medo. Toque pra frente", prosseguia ele em meio a impropérios proferidos contra o motorista. Em vão. O Haroldo continuava sua marcha à ré. O fato é que Vanhoni não percebeu que o motorista havia sido retirado pela PM e quem dirigia o caminhão de som era um sargento. Irritado com o barulho do caminhão e sem saber o que fazer para acabar com aquilo, o policial que tirou Marcelo do volante arrancou todos os fios do sistema de som, quebrou todo o painel e até mesmo o câmbio do caminhão de som, que posteriormente acabou rebocado até o pátio do Detran em Curitiba.

O momento tragicômico durou pouco. Logo a seguir, à medida que os professores avançavam em direção ao Palácio Iguaçu e à Assembleia, policiais derrubaram barracas armadas pelos grevistas em frente ao TJ, e os manifestantes se reagruparam em frente à Assembleia, o que deflagrou uma nova investida da Tropa de Choque. Alguns participantes atiraram pedras e outros objetos na direção dos policiais, mas não conseguiram detê-los.

À medida que os grevistas recuavam, a PM restabelecia o cordão de isolamento, fazendo com que os manifestantes voltassem para perto da prefeitura. Dez educadores ficaram feridos e cinco foram presos na repressão policial.

"As cenas que se viram naquele dia foram uma estúpida demonstração de descaso para com a educação neste país, e o tratamento dado aos professores nem a bandidos se dá. Pelo que sabemos, a ordem e a disciplina impostas nos quartéis não permitem que soldados tomem iniciativas como usar armas ou outros artifícios sem ordem superior. Muito menos bombas", diz Isolde.

Ao pronunciar-se sobre a repressão aos professores, o ex-governador Álvaro Dias, que não estava no Palácio Iguaçu no momento da repressão, colocou-se na condição de vítima, negou que tivesse se recusado a negociar e acusou a APP de ter explorado politicamente o caso, como se não fossem políticas decisões como evitar o diálogo ou ordenar a repressão policial. Dias também acusou os professores de terem agredido os policiais sem que estes reagissem.

A mídia, por sua vez, optou por dar ênfase à "violência dos manifestantes". A versão oficial, porém, caiu por terra diante da observação das imagens e dos testemunhos de quem viveu aquela tarde. Tratava-se, afinal, de um dos mais graves episódios de violência contra um movimento urbano na história do Paraná até aquele momento. No dia seguinte, os professores que ainda tinham alguma dúvida sobre a greve aderiram à paralisação.

As cenas da repressão policial e dos cavalos avançando sobre os professores resistiriam também ao discurso conservador da mídia hegemônica, sempre ligeira em rotular grevistas como baderneiros, e ocuparam o imaginário popular pelos anos seguintes.

O dia 30 de agosto de 1988 transformou-se em data simbólica da luta dos professores do estado do Paraná. Dia de luta e de luto. E assim permaneceu durante quase três décadas. A data inspirou, inclusive, o nome do jornal da APP-Sindicato: *30 de Agosto*.

O estigma da repressão aos professores em 1988 perseguiu Álvaro Dias ao longo dos anos. Mesmo em um estado onde os eleitores tradicionalmente identificam-se com valores políticos conservadores, Álvaro Dias nunca mais conseguiu voltar a ser governador do Paraná, apesar das tentativas. "Ele foi duramente atingido e responsabilizado", avalia Vanhoni.

A mácula não impediu, no entanto, que Álvaro Dias se elegesse para outros cargos. O tempo passou e, em 2014, depois de uma série de mudanças de legenda política ao longo de sua carreira, Álvaro Dias tornou-se o senador mais votado da história do Paraná. Por alguma dessas tristes ironias e coincidências, Álvaro Dias elegeu-se senador pelo PSDB, o mesmo partido de Beto Richa, e aos tucanos continuava filiado no fatídico 29 de abril de 2015, quando a história se repetiu – como uma tragédia ainda maior.

"Foi muito doído, ultrajante, inesquecível. Acreditávamos, até pouco tempo, que nenhum outro governante repetiria um fato deste. Mas que tragédia! A história se repetiu, e desta vez mais aviltante. Se é que isso é possível", resumiu Isolde em seu depoimento.

outubro de 2014

a reeleição de beto richa

Campanha de político candidato à reeleição é quase sempre assim: quem chegasse ao Paraná pouco antes das eleições de 2014 e prestasse atenção aos discursos e às mensagens da campanha do então governador Beto Richa à reeleição ficaria com a impressão de ter desembarcado em uma espécie de paraíso. E no mundo criado pelos marqueteiros do cacique tucano paranaense, o estado por ele governado a partir de 2011 era uma terra de paz e prosperidade dissociada de um mundo que ainda patinava na tentativa de se distanciar da crise global de 2008, desencadeada pela ação irresponsável de *traders* e investidores em um cenário de extrema desregulamentação dos mercados financeiros pelo mundo. Apesar da crise internacional, a economia do Paraná crescia, assim como a do Brasil, os índices de emprego eram estáveis. Os salários aumentavam, tanto no setor público quanto no privado, e o estado tinha dinheiro para investir, apesar de o fazer em menor escala que outras unidades da federação.

Em meio a esse período de relativa tranquilidade financeira, viabilizado em grande parte pelas medidas anticíclicas adotadas pelo governo federal com o objetivo de atenuar o impacto da crise internacional, Richa teve poucos confrontos com o funcionalismo público ao longo de seu primeiro mandato. O exponencial aumento da arrecadação do estado entre 2011 e 2014 permitiu a ele atender em grande medida às reivindicações por reajuste salarial e também implementar parcialmente as promoções e progressões devidas aos funcionários públicos concursados, inclusive para os professores.

O principal nó do período dizia respeito aos chamados PSSs, trabalhadores não concursados convocados para cumprir contratos temporários de trabalho. Concursos públicos até eram realizados, mas em muitos casos os aprovados não chegavam nem a ser convocados para ocupar os cargos para os quais se qualificaram. No decorrer de seu primeiro mandato, Beto Richa passou a confiar cada vez mais na contratação de servidores via Processo Seletivo Simplificado (PSS), uma vez que os contratos temporários de certa forma contornavam o rigor dos concursos e dispensavam o Estado de conceder a esses trabalhadores os mesmos benefícios e direitos que gozam os funcionários efetivos, entre eles as promoções e as progressões na carreira. Com isso, o número de PSSs disparou sob o governo de Richa.

Democracia, uma das vítimas de Beto Richa. *(Foto: Joka Madruga)*

No caso específico dos professores, a defasagem era tamanha que, apesar de um acordo com o antecessor de Richa, Roberto Requião, ter proporcionado ganho real no período, postura esta mantida em boa parte do primeiro mandato do tucano, o piso salarial dos educadores paranaenses continuava ligeiramente abaixo do piso nacional da categoria, em vigor desde 2011. Também incomodava a categoria a implementação da chamada "pedagogia de planilha", quando os textos pedagógicos teóricos são deixados de lado em favor de uma proposta mais tecnicista, restrita a números – a quantidade de alunos que foram reprovados, quantos passaram de ano, quantos entraram e quantos finalizaram. Uma greve chegou a ser realizada em 2014, mas durou apenas uma semana.

De qualquer modo, era quase impossível prever, antes da reeleição de Richa, que apenas alguns meses depois a situação assumiria ares de total descontrole e culminaria nos acontecimentos de 29 de abril de 2015.

Exatamente um ano antes, em abril de 2014, os professores entraram em greve durante a campanha salarial dos servidores públicos do Paraná. A APP-Sindicato, entidade filiada à Central Única dos Trabalhadores (CUT) e à Confederação Nacional dos Trabalhadores em Educação (CNTE), exigia a equiparação do salário dos professores paranaenses com o piso nacional, a inclusão dos funcionários de escola na equiparação, o pagamento das promoções e progressões de carreira em atraso, o fim do desconto do auxílio-transporte para os servidores da educação afastados por licença médica e a melhoria dos contratos dos PSSs.

Nem todas as demandas foram atendidas na extensão reivindicada pelos professores, mas a greve, deflagrada em 22 de abril, teve duração relativamente curta. Os professores conseguiram, por exemplo, reajuste de apenas 6,5% para a categoria, índice aquém do necessário para a equiparação com o piso nacional, mas obtiveram do governo o compromisso de que as promoções e progressões devidas seriam pagas em parcelas no decorrer do ano. Também conquistaram o fim do desconto do auxílio-transporte pago aos professores afastados por motivos médicos. Ao mesmo tempo, a melhoria do contrato dos PSSs e outras reivindicações urgentes dos professores continuariam a ser discutidas com a Secretaria de Educação.

Além da disposição do governo para negociar um acordo antes do 1º de maio, data-base dos servidores públicos do Paraná, outro motivo é apontado para a solução rápida para a greve: o envolvimento pessoal do governador Beto Richa nas negociações. Ele esteve presente em duas reuniões com os professores em greve e mostrou boa vontade em negociar. Seu mote "diálogo e respeito" foi testado na prática. A greve terminou em apenas uma semana – ironicamente no dia 29 de abril de 2014 – e a participação pessoal do governador conferiu credibilidade ao processo de negociação.

Outro fato de relevância aconteceu na manhã de 19 de agosto de 2014, uma terça-feira, a menos de dois meses das eleições. Na ocasião, a APP-Sindicato promoveu em sua sede, em Curitiba, um debate com os candidatos ao governo do Paraná. Dos mais fortes concorrentes aos considerados azarões, todos os oito candidatos a ocupar o Palácio Iguaçu pelos quatro anos seguintes aceitaram o convite para o debate na APP, o primeiro ocorrido no estado no decorrer daquele processo eleitoral. Estavam presentes, portanto, o governador Beto Richa, o exgovernador e então senador Roberto Requião (PMDB) e a senadora Gleisi Hoffman (PT), além de Bernardo Pilotto (PSol), Rodrigo Tomazini (PSTU), Ogier Buchi (PRP), Geonísio Marinho (PRTB) e Túlio Bandeira (PTC).

Durante o debate com seus adversários, Richa prometeu, entre outras coisas, honrar os compromissos assumidos com os professores nas negociações ocorridas em abril e também promover a equiparação salarial exigida pela categoria.

Em 5 de outubro, a campanha de Richa surtiu efeito, talvez até melhor do que o esperado por seus mais otimistas correligionários. Amparado por uma aliança de 17 partidos, o governador reelegeu-se já no primeiro turno, endossado por 3.301.322 de eleitores, ou 55,67% dos votos válidos. Um desempenho impressionante não apenas por 2014 ter sido um ano eleitoral marcado pela polarização no âmbito nacional, mas também pela presença de candidatos do porte de Requião e Gleisi, então senadores no exercício de suas funções. No segundo lugar, o exgovernador Roberto Requião recebeu quase 2 milhões de votos a menos do que Richa.

"Posso assegurar que o melhor está por vir", declarou o governador paranaense em entrevista coletiva concedida na sede do Tribunal Regional Eleitoral do Paraná logo depois de sua tranquila reeleição, ocorrida apenas alguns meses antes da abertura de uma investigação que revelou suspeitas de formação de caixa dois nas campanhas do PSDB no Paraná, entre elas a do governador Beto Richa. A frase de impacto não tardaria muito a se voltar contra ele. Mas, naquela entrevista coletiva, Richa estava feliz e disse ainda outra frase que ficou famosa: "Dediquei parte do meu tempo a pagar dívidas. Agora, as contas estão praticamente saneadas".

Nos dias que se seguiram à reeleição, Beto Richa concedeu entrevistas nas quais manteve o tom otimista da campanha e "o melhor está por vir" como uma espécie de mantra. Apenas algumas semanas se passaram quando a realidade veio bater à porta dos paranaenses. Em 20 de outubro, apenas 15 dias depois da reeleição, o governador ordenou corte de 30% nas despesas do estado entre outubro de 2014 e janeiro de 2015. "As medidas para efetivar a economia abrangem todos os órgãos da administração direta e indireta cujos gastos sejam custeados pelo Tesouro Estadual", anunciou o governo por meio de nota.

Surgiram, então, os primeiros questionamentos em relação às informações que o governador veiculou durante a campanha sobre a situação financeira do Paraná. E com os questionamentos surgiram respostas parciais.

O primeiro sinal de que algo não ia bem surgiu em fevereiro de 2014, quando a então secretária da Fazenda de Richa, Jozélia Nogueira, durante audiência pública na Assembleia, advertiu para a existência de uma grande dívida de curto prazo do governo do estado com fornecedores. Ações foram cogitadas para tentar reverter o quadro, mas nada foi feito: em pouco tempo teria início a campanha eleitoral.

Dias depois da audiência pública, Jozélia alegou motivos pessoais para deixar a Secretaria da Fazenda. Foi sucedida por Luiz Eduardo Sebastiani, responsável pelo anúncio dos cortes em outubro. Nos meses que se seguiram à revelação de Jozélia, tornaram-se comuns relatos de viaturas policiais que não podiam deixar as garagens por falta de combustível e rebeliões em presídios por conta da deterioração das condições de detenção. Segundo Jozélia, a dívida de curto prazo com os fornecedores do estado era de R$ 1,1 bilhão no início de 2014. Na disputa pela reeleição, Richa atribuiu a responsabilidade pela dívida a Requião, que deixara o governo em 2010.

Até que, no início de dezembro, dois meses depois de reeleger-se vendendo um cenário de mar de rosas e enquanto as discussões giravam em torno de quem comporia o secretariado no segundo mandato, Beto Richa encaminhou à Assembleia Legislativa do Paraná um extenso pacote de medidas de austeridade que contemplava ações como o reajuste do IPVA, a elevação do ICMS sobre os combustíveis e milhares de outros produtos e a extinção das secretarias de Trabalho, Assuntos Comunitários e Indústria e Comércio.

Estava posto o "tarifaço".

As medidas atingiam principalmente os proprietários de automóveis. O IPVA subiu de 2,5% para 3,5% do valor do veículo, um aumento de 40%. A elevação fez com que o Paraná deixasse de ter um dos IPVAs mais baixos do país e saltasse para a terceira posição entre os mais elevados, atrás apenas de São Paulo e Minas Gerais. Ao mesmo tempo, o desconto para quem quisesse pagar o imposto à vista caiu de 10% para 3%. Outra parte da conta foi paga pelos aposentados e pensionistas. Os funcionários públicos aposentados e as pessoas que recebem pensão do governo estadual com vencimentos mensais superiores a R$ 4.390,24, teto do INSS, passaram a pagar 11% de imposto sobre o valor excedente.

"A única saída (...) é fazer uma contenção terrível de despesas e aumentar a arrecadação", defendeu na ocasião o deputado Ademar Traiano (PSDB), então líder da bancada governista na Assembleia, como se a campanha eleitoral de algumas semanas antes fizesse parte de um passado distante e esquecido.

O mentor intelectual das medidas apareceu na sequência. Ex-secretário de Finanças de ACM Neto em Salvador e de José Serra e Gilberto Kassab em São Paulo, Mauro Ricardo Costa sucedeu Luiz Eduardo Sebastiani à frente da Secretaria da Fazenda do Paraná somente em janeiro de 2015, mas chegou com carta branca e já era apontado por fontes no governo como o idealizador do "tarifaço" de Richa.

"Não se esperou o fim do mandato. A força do voto, da reeleição em primeiro turno fundamentada em uma ampla aliança política, colocou uma leitura de que era possível fazer um enfrentamento da crise financeira a partir de uma receita clássica, que é o ajuste fiscal", analisou posteriormente o professor Hermes Silva Leão, presidente da APP-Sindicato.

Até mesmo a classe empresarial paranaense criticou a pressa do governo e a ausência de diálogo com a sociedade. O presidente da Federação das Indústrias do Estado do Paraná (Fiep), Edson Campagnolo, lembrou que, durante toda a campanha, os candidatos a governador, inclusive Beto Richa, tinham prometido não elevar impostos.

Encaminhado à Assembleia pelo Palácio Iguaçu, sede do Executivo paranaense, o projeto de lei que impunha o "tarifaço" equivalia a uma confissão por escrito de que Richa havia deixado os cofres do estado à beira do colapso apesar de a receita do Paraná ter crescido acentuadamente no decorrer de seu primeiro mandato. A arrecadação estadual passou de R$ 16,97 bilhões em dezembro de 2010, um mês antes de Richa assumir o governo, para R$ 26,46 bilhões em abril de 2014, nos respectivos períodos de 12 meses. A evolução de 56% foi bastante superior à média nacional, de 39%, e equivaleu quase ao dobro da inflação medida no período: 24% segundo o IPCA (Índice de Preços ao Consumidor Amplo).

O então líder da oposição no Legislativo estadual, deputado Tadeu Veneri (PT), apontou a incoerência. Ele acusou o governo de ter ocultado a real situação dos cofres públicos paranaenses durante a campanha eleitoral, propagandeando um cenário de "fantasia".

"O governador faltou com a verdade com seus eleitores", disparou Veneri à época. "Faltou ao governador Richa a franqueza e a lealdade que se precisa ter no processo eleitoral. O governador em nenhum momento mostrou que havia essa dificuldade e que seria necessário tomar essas medidas. O governo traçou [durante a campanha] um projeto e um cenário extremamente favoráveis, contrários a essa realidade", aponta.

O discurso do próprio líder do governo na Assembleia apontava para um raciocínio parecido, ainda que num tom mais ameno. "O eleitor pode se frustrar, se sentir traído. Mas nós temos de assumir a responsabilidade pelos nossos atos", declarou Traiano, que semanas depois seria conduzido à presidência da Assembleia.

Respaldado pelas urnas e apoiado por uma base governista majoritária e dócil, Richa conseguiu impor o tarifaço, o que foi apenas o início de uma série de ações que colocariam governo e sociedade em pé de guerra.

Tadeu Veneri, líder da oposição a Beto Richa: "O governador faltou com a verdade com seus eleitores". *(Foto: Joka Madruga)*

o paraná e o brasil no mundo

É fundamental contextualizar algumas das ações e posições do governo Beto Richa nos âmbitos nacional e internacional. O cacique tucano paranaense reelegeu-se governador em primeiro turno em meio ao que entrou para a história brasileira, pelo menos até aquele momento, como o processo eleitoral mais polarizado desde a redemocratização, na década de 1980. Enquanto a disputa pela presidência em 2014, entre Dilma Roussef (PT) e Aécio Neves (PSDB), acabou decidida nas últimas urnas do segundo turno, Richa surfou diante de uma oposição desorganizada e obteve uma reeleição tranquila. Adversários de porte, como os senadores Roberto Requião (PMDB) e Gleisi Hoffman (PT), foram incapazes de levar a disputa pelo governo estadual para o segundo turno.

Em conversa informal com jornalistas cerca de um ano depois do pleito, o ex-governador e então senador Roberto Requião, segundo colocado nas eleições de outubro de 2014, admitiu ter feito a campanha "ligada no piloto-automático", depois de ter calculado de maneira errônea que as presenças dele e da também senadora Gleisi Hoffman na disputa fatalmente levariam ao segundo turno a eleição para o governo do estado.

A facilidade com que Richa se reelegeu em meio ao cenário de turbulência na política nacional fez com que o vaidoso governador paranaense se expusesse além da zona de conforto do marketing de campanha e das raras e controladas aparições públicas.

A carta branca dada a Mauro Ricardo Costa na condução das finanças do Paraná colocou definitivamente o estado na alça de mira do "ajuste fiscal", termo que faz brilhar os olhos de quem vive da rapinagem do erário.

Mauro Ricardo nem bem havia assumido a Secretaria da Fazenda do Paraná e já era chamado de "Maurinho Malvadeza" até mesmo por influentes deputados da base de apoio a Richa na Assembleia. Atribuía-se a ele a proposta de elevação de tarifas e impostos apresentada semanas depois da reeleição de Richa, quando o governador, depois de passar a campanha inteira propagandeando que o estado estava saneado, admitiu que o Paraná estava à beira do colapso financeiro. O passo seguinte à elevação de impostos e tarifas foi propor cortes de despesas. E esses cortes miravam especialmente a folha de pagamento e a supressão de direitos e conquistas históricas de servidores públicos de carreira.

O ajuste fiscal estava em marcha no Paraná. As medidas econômicas ortodoxas e recessivas decorrentes de ajustes como o proposto por Mauro Ricardo fazem parte do receituário básico do Fundo Monetário Internacional (FMI), que regressou dos porões da história a partir de 2008, com força multiplicada após a crise financeira e bancária disseminada ao redor do mundo pelo estouro da bolha das hipotecas de alto risco nos Estados Unidos. São "remédios amargos, mas necessários", propagandeiam.

No decorrer da primeira década do novo milênio, o FMI ganhou a companhia da União Europeia (UE) e do Banco Central Europeu (BCE) na cantilena das medidas de austeridade econômica impostas a países como Irlanda, Portugal, Espanha e Grécia como condição para liberar empréstimos multibilionários para evitar calotes dessas nações no mercado da dívida. Com palanque entre os grandes grupos internacionais de mídia e com o endosso das chamadas agências de classificação de risco, o receituário ortodoxo consolidou-se como discurso quase hegemônico no mundo ocidental. E em casos como os de Portugal e Grécia, os controladores dos mercados financeiros rebelaram-se contra a vitória eleitoral de governos mais à esquerda, prevaleceram sobre a democracia e impuseram seu programa sobre aquele escolhido nas urnas. "É uma crise que ainda não foi resolvida", observa o economista Cid Cordeiro, ex-diretor do Departamento Intersindical de Estatística e Estudos Socioeconômicos (Dieese) do Paraná e assessor técnico da APP-Sindicato e do Fórum das Entidades Sindicais (FES). "O mundo ainda está enfrentando os reflexos, que permanecem."

O impacto da crise internacional de 2008 demorou a chegar ao Brasil, principalmente graças às medidas heterodoxas adotadas na metade final do segundo mandato do presidente Luiz Inácio Lula da Silva. A partir de 2014, no entanto, a lenta recuperação das grandes potências ocidentais, a desaceleração da economia chinesa, a queda nos preços internacionais de *commodities* e um prolongado ataque especulativo contra a Petrobras nos mercados financeiros, seguido de uma investigação de bilionários desvios na estatal limitada aos anos do PT no governo federal, fragilizaram a posição da presidenta Dilma Rousseff, sucessora de Lula.

Apesar de Dilma ter sido reeleita em 2014, a insistência da oposição conservadora em forçar a qualquer custo uma espécie de "terceiro turno" eleitoral em meio a uma tentativa aberta de golpe institucional, e a própria incapacidade do governo em impor sua agenda ao longo de 2015, empurraram o Brasil primeiro para a estagnação econômica e depois para uma recessão.

As medidas adotadas por Beto Richa nos meses que se seguiram à sua reeleição, portanto, não devem ser interpretadas fora dos contextos nacional e internacional. No Brasil, de um lado, a extrema polarização política parecia justificar, como forma de marcar posição, a guinada conservadora do governador e seu rompimento com a imagem de político cordial. Do exterior, as trombetas da ortodoxia econômica ressoavam quase incontestes, difundidas e defendidas ininterruptamente pelo aparato midiático do capital financeiro internacional, em *terra brasilis* representado na figura das famílias Marinho, Frias, Civita, Mesquita e Sirotsky, proprietárias dos maiores e mais influentes grupos de mídia do país.

O colapso financeiro do estado, no entanto, não se deveu a nenhuma espécie de brusca desaceleração econômica nem a alguma repentina queda na arrecadação. Pelo contrário, a arrecadação paranaense cresceu exponencialmente durante o primeiro mandato de Beto Richa, puxado principalmente pelo crescimento da economia nacional e pela arrecadação de tributos e impostos, além de medidas para a obtenção de receitas extraordinárias, como a venda de créditos de ICMS e o aumento e a antecipação dos dividendos da Copel e da Sanepar, companhias de capital aberto das quais o governo é sócio majoritário, entre outras ações. As crises econômica e financeira observadas no Brasil e no mundo a partir de 2008, portanto, influenciariam a situação no Paraná na condição de profecia autorrealizável, servindo de pretexto para a imposição de medidas recessivas na virada de 2014 para 2015.

Além disso, pelo menos até o fim de 2013, as dívidas de longo prazo do estado situavam-se em níveis contábeis considerados saudáveis. Simultaneamente, porém, os gastos correntes aumentaram um pouco mais do que as receitas e as dívidas de curto prazo com os fornecedores dispararam ao ponto de o estado não dispor de dinheiro em caixa para quitá-las. O colapso, por fim, coincidiu com o ano eleitoral de 2014. E é muito provável que não tenha sido mera coincidência. A origem da situação encontra-se, como veremos a seguir, no primeiro mandato de Beto Richa como governador.

"Ele ganha a eleição com um custo altíssimo, financeiro e político", resume o deputado estadual Tadeu Veneri (PT), líder da oposição ao governador Beto Richa na Assembleia em 2014 e 2015.

a trajetória de beto richa

Beto Richa pode ser considerado herdeiro de uma dinastia política. Representa e aplica como poucos o nepotismo estrutural enunciado pelo cientista político Ricardo Costa de Oliveira, da Universidade Federal do Paraná (UFPR), em seus trabalhos acadêmicos. Seu pai, José Richa, saiu das fileiras do Movimento Democrático Brasileiro (MDB) para tornar-se governador do Paraná em 1982, em oposição ao grupo do arenista Ney Braga.

Com fama de democrata convicto, o descendente de libaneses José Richa marcou época pelo desenvolvimento de projetos sociais pelo Paraná e pelo envolvimento pessoal na promoção da campanha pelas Diretas Já, mas sem deixar de lado o envolvimento promíscuo com grupos mais conservadores, grandes empresários e banqueiros. Ao mesmo tempo em que, por iniciativa de seu secretário de Agricultura Claus Germer, José Richa respaldou o encontro que resultou na fundação do Movimento dos Trabalhadores Rurais Sem-Terra (MST) em Cascavel em janeiro de 1984, por exemplo, os contratos do Estado com empreiteiras eram selados em reuniões nebulosas em uma época na qual licitação e concorrência pública eram termos encontrados com sorte apenas nos dicionários. Tornou-se alguns anos mais tarde um dos fundadores do Partido da Social Democracia Brasileira (PSDB), originado de uma cisão do PMDB.

José Richa teve três filhos: José Richa Filho, mais conhecido como Pepe e que tornou-se o operador político da família; Adriano, um discreto dono de cartório; e o carismático Carlos Alberto, o Beto.

Nascido em Londrina em 29 de julho de 1965, Beto Richa se mudou ainda criança para Curitiba. Engenheiro civil formado pela Pontifícia Universidade Católica do Paraná (PUC-PR), Beto Richa casou-se jovem, aos 20 anos, com Fernanda Bernardi Vieira.

O matrimônio, selado quando o pai ainda era governador do Paraná, aliou o capital político da família Richa ao capital financeiro da família Andrade Vieira, proprietária do extinto Bamerindus, que entre as décadas de 1970 e 1980 consolidou-se como um dos maiores bancos da América do Sul.

"Poucas famílias dominam as instituições políticas do Paraná. Está na gênese da sociedade regional", explica o cientista político Ricardo Costa de Oliveira, da Universidade Federal do Paraná (UFPR). "E o que também chama a atenção é que os novos atores, quando ingressam na política, continuam essa tradição familiar." As práticas adotadas pelos detentores do poder no Paraná enquadram-se no que Oliveira chama de nepotismo estrutural na política brasileira. "O nepotismo é a forma de organização social da política dentro do PSDB em quase todos os estados do Brasil. Ele tem como agenda política exatamente essa dimensão da exclusão social, do neoliberalismo, das privatizações e do que eles chamam de Estado mínimo para quem é pobre e Estado máximo na repressão" aos movimentos sociais, explica Oliveira, autor do livro *Na teia do nepotismo – sociologia política das relações de parentesco e poder político no Paraná e no Brasil*. Na avaliação do cientista político, "a agenda [desses grupos] é conservadora e partidária e ela é viabilizada pelo nepotismo".

Integrante da alta sociedade política e econômica do Paraná, Beto Richa não demorou a desenvolver fama de *bon-vivant* – notoriedade esta muito parecida com a de outro oligarca tucano, o mineiro Aécio Neves –, motivada especialmente por seu reconhecido interesse por prática de esportes considerados elitistas, como o tênis e o automobilismo.

Beto Richa ingressou na política no início da década de 1990, com a intenção de surfar a onda de popularidade do pai. Tentou eleger-se vereador de Curitiba em 1992, aos 27 anos, mas não conseguiu votos suficientes. Dois anos mais tarde, porém, o "filho de José Richa" elegeu-se deputado estadual. Reeleito para a Assembleia Legislativa em 1998, Beto Richa deixou a cadeira vaga no ano 2000, quando se tornou vice-prefeito de Curitiba na chapa encabeçada por Cassio Taniguchi, acumulando a função de secretário de Obras Públicas. Richa começou, então, a demonstrar personalidade e capital político próprios, o que motivou a tentativa de voos mais altos. Tentou o governo do Paraná em 2002, mas terminou em terceiro lugar e voltou para a vice-prefeitura. Depois, elegeu-se prefeito em 2004, reelegeu-se em 2008 e em 2010 finalmente chegou ao governo do estado.

Ao longo da vida pública, enquanto seus desafetos o tratavam pelo pejorativo título de *"playboy* das araucárias", por causa de excentricidades e hobbies como relógios caros, motocicletas e carros possantes, Beto Richa consolidou entre seu eleitorado a imagem de um político habilidoso e conciliador. Mas o operador político da família é seu irmão Pepe, presença constante nos secretariados de Beto, em um – mas não o único – caso explícito de nepotismo na administração tucana. "A esposa [de Beto Richa], Fernanda, é secretária de governo e cuida de toda a área social. O irmão do governador, José Richa Filho, atua em toda a área de infraestrutura e logística. Também atua o primo Marcos Traad, que está no Detran. Outro primo, Luiz Abi Antoun, acompanha o Beto Richa praticamente desde o início de sua carreira política", detalha Ricardo Costa de Oliveira.

Quase simultaneamente às greves dos primeiros meses de 2015, o Grupo de Atuação Especial de Combate ao Crime Organizado (Gaeco) da polícia paranaense deflagrou uma série de investigações que fecharam o cerco a frequentadores do círculo íntimo do governador, as operações Voldemort, Publicano e Quadro Negro. Os investigadores encontraram fortes indícios de envolvimento de pessoas muito próximas a Beto Richa em fraudes em licitações, na arrecadação de dinheiro para um caixa dois de campanha do PSDB no Paraná e até mesmo em uma rede de exploração sexual de menores no norte do estado. Entre as pessoas próximas do governador envolvidas nesses esquemas encontram-se, por exemplo, o Luiz Abi Antoun, repentinamente relegado à condição de "primo distante", o copiloto do tucano em corridas de automóveis, um amigo com quem costumava jogar tênis, e o irmão de sua vice-governadora. Tanto Richa quanto a direção do PSDB negaram veementemente a participação do governador em malfeitos. Como miragem, porém, a imagem de exímio administrador e de político cordial e aberto ao diálogo e o quadro de bonança empacotado pelos marqueteiros do PSDB, tão bem vendidos pelo garoto-propaganda Beto Richa e comprados pelos eleitores paranaenses, dissolveram-se diante dos olhos de todos pouco depois de sua reeleição para governador.

como beto richa quebrou o paraná

O Paraná encontrava-se à beira do colapso financeiro no fim de 2014, sem dinheiro suficiente para honrar os compromissos assumidos com seus fornecedores e prestadores de serviços. Em constante disputa, economistas ortodoxos e heterodoxos, liberais e keynesianos, discordavam com relação ao que poderia ou deveria ser feito para debelar a crise, mas concordavam em uma coisa: se nenhuma medida fosse tomada, o Estado caminhava a passos largos para a insolvência. O rombo era estimado entre R$ 3 bilhões e R$ 5 bilhões no fim de 2014.

Nas diversas oportunidades que teve de comentar publicamente o assunto, Beto Richa fez de tudo, menos assumir sua responsabilidade pela crise. Assim como faria meses mais tarde, ao alegar ter sido ele também uma vítima do massacre promovido contra os servidores públicos, Beto Richa posou de vítima de seus adversários políticos. Primeiro acusou seu antecessor, Roberto Requião. Depois voltou suas baterias contra a presidenta Dilma Rousseff.

Vamos aos fatos então. Ao acusar Requião, Richa alegou que teria herdado de seu antecessor o estado quebrado. Ao encerrar o governo em 2010 (o mandato foi concluído por Orlando Pessutti, uma vez que Requião deixou o governo do estado nos meses finais de seu segundo mandato como governador para poder concorrer ao Senado Federal), o peemedebista deixou saldo positivo de aproximadamente R$ 100 milhões no caixa e o endividamento de longo prazo encontrava-se bem abaixo dos limites determinados pela Lei de Responsabilidade Fiscal (LRF). O legado negativo de Requião no campo financeiro referia-se ao calote na contribuição patronal ao fundo de previdência dos servidores públicos, situação esta que persistiu sob Richa.

Ao acusar Dilma, Richa disse ter sido "traído" pelas projeções econômicas do governo federal, supostamente otimistas demais, e pelas desonerações adotadas por Brasília para fazer frente à crise internacional, o que teria afetado negativamente os repasses a Curitiba via Fundo de Participação dos Estados (FPE). Os dados, no entanto, contradizem Richa. Apesar das desonerações, os repasses anuais do governo federal ao Paraná via FPE cresceram quase 60% entre 2010 e 2015, passando de R$ 1,12 bilhão para R$ 1,76 bilhão no período. Os dados estão no Portal da Transparência do próprio Paraná.

Se fosse assumir a responsabilidade, porém, Beto Richa precisaria admitir que, ao contrário do alardeado no discurso do "choque de gestão" e da responsabilidade fiscal, seu governo promoveu uma gastança desenfreada em meio ao exponencial aumento das receitas no decorrer de seu primeiro mandato. E dessa gastança derivou a elevada dívida de curto prazo com os fornecedores. "A crise nos cofres do Paraná é obra exclusiva do governador Beto Richa", assegura Cid Cordeiro.

A situação dos gastos em excesso se deu principalmente a partir de três pilares, na visão do economista: o aumento da vinculação e dos repasses do Executivo aos demais poderes; a recomposição salarial dos servidores; e a irresponsabilidade fiscal, como exposto a seguir.

repasses a outros poderes

Em 2010, ao ocupar o governo do Estado na ausência de Requião, Orlando Pessutti alterou tanto o porcentual quanto a base do cálculo dos repasses aos poderes Judiciário e Legislativo e ao Ministério Público do Paraná. Até 2010, o repasse aos demais poderes totalizava 17,9% da receita líquida (9% para o Judiciário, 5% para o Legislativo e 3,9% para o MP). Com Pessuti, o repasse passou a 18,6% da receita (9,5% para o Judiciário, 5% para o Legislativo e 4,1% para o MP), acrescida de recursos do FPE. Beto Richa, por sua vez, não diminuiu os índices, mesmo com o acentuado aumento de arrecadação ocorrido durante seu mandato. Só a receita tributária paranaense cresceu 67,33% de dezembro de 2010 até o mesmo mês de 2014, quando atingiu R$ 27,1 bilhões. A arrecadação líquida total subiu de R$ 24,2 bilhões para R$ 38,7 bilhões no período, ou 59,72%. Ou seja, mesmo que as alíquotas não tivessem sido alteradas, os repasses do Executivo ao Judiciário, ao Legislativo e ao MP teriam crescido mais de 50% no período, o dobro da inflação no mesmo intervalo. Ao longo do primeiro mandato de Beto Richa (2011-2014), o impacto adicional dos repasses sobre os cofres públicos atingiu R$ 1,5 bilhão por causa do aumento da arrecadação e da elevação das alíquotas.

recomposição salarial dos servidores

Os servidores públicos paranaenses começaram a recuperar perdas históricas ainda durante o governo Roberto Requião (2003-2010). A recomposição salarial persistiu nos três primeiros anos da administração Beto Richa. Houve, portanto, aumento real de gastos com pessoal, mais em decorrência da recomposição de defasagens históricas do que pela generosidade normalmente alardeada pela classe política com os servidores públicos.

irresponsabilidade fiscal

No decorrer do primeiro mandato de Beto Richa, e mais precisamente nos dois primeiros anos, o governador repetiu o mantra tucano do "choque de gestão". Afirmava que seu governo promovia a responsabilidade fiscal. A partir de 2015, porém, as Leis de Diretrizes Orçamentárias (LDOs) passaram a conter projeções sucessivas de déficit primário para os anos seguintes. Na prática, ao projetar déficit primário, ainda que autorizado pela Assembleia Legislativa, o Executivo antecipa que gastará mais do que arrecada, contrariando um princípio básico da LDO, que é o da austeridade fiscal. No caso do Paraná, as projeções de déficit primário na LDO para o orçamento de 2017 apresentadas à Assembleia indicavam, em abril de 2016, que o Paraná teria déficits primários de R$ 2,8 bilhões em 2016, R$ 1,7 bilhão em 2017, R$ 1,5 bilhão em 2018 e mais R$ 1,5 bilhão em 2019, o que demonstrava claramente um aumento da dívida do Estado. "O discurso era de choque de gestão, de responsabilidade fiscal, mas se construiu em cima de irresponsabilidade fiscal", assegura o economista Cid Cordeiro. "Houve má gestão, descontrole nos gastos. Mesmo com as receitas crescendo acima da inflação, os gastos cresceram acima dessa receita, causando desequilíbrio", prossegue ele. Os principais focos desse descontrole localizam-se na publicidade e propaganda, na terceirização de serviços e na criação de cargos comissionados.

publicidade e propaganda

De 2011 a 2015, o governador Beto Richa autorizou o repasse de quase R$ 500 milhões em campanhas de propaganda e publicidade veiculadas em grupos locais de mídia. Em 2011, primeiro ano do governo Richa, com orçamento herdado da administração Requião/Pessutti, os gastos em publicidade legal e propaganda institucional totalizaram pouco mais de R$ 15 milhões. Já no ano seguinte, tais despesas registraram salto de mais de 650%, atingindo R$ 116,9 milhões. E em 2013, o gasto do Palácio Iguaçu com propaganda foi a R$ 240 milhões, para depois recuar para perto de R$ 100 milhões nos anos seguintes.

terceirizações

As terceirizações de serviços, por sua vez, foram usadas no sentido de criar oportunidades para a iniciativa privada. Para citar um exemplo, recorrerei ao mundo da informática. Durante o governo Roberto Requião, o Paraná aderiu ao software livre. Consequentemente, o estado passou a economizar dezenas de milhões de reais por ano em licenças para uso dos programas de computador necessários ao funcionamento dos serviços públicos estaduais. Richa, por sua vez, abandonou o software livre e voltou a pagar pelas licenças de programas que antes eram gratuitos e em muitos casos melhores do que os vendidos pelas grandes empresas de programação. Os gastos anuais declarados pelo governo nas contas referentes a "PROCESSAMENTO DE DADOS" saltaram 61,6% de 2010 a 2015, passando de R$ 140,4 milhões para R$ 227 milhões, segundo o Portal da Transparência. Assim como no caso dos softwares, a terceirização se deu em diversos outros campos da administração. A "LOCAÇÃO DE MÃO DE OBRA", por exemplo, totalizou R$ 200 milhões em 2015, um salto de 114,9% na comparação com 2010. Somente na conta "OUTROS SERVIÇOS DE TERCEIROS" os gastos cresceram quase R$ 1 bilhão entre 2010 e 2015, ou 53,6%, atingindo R$ 2,8 bilhões. Somada a "LOCAÇÃO DE MÃO DE OBRA" aos "OUTROS SERVIÇOS DE TERCEIROS", essas despesas representaram 8,7% de tudo o que o Estado do Paraná gastou em 2015. Isto sem levar em consideração outros gastos com terceirizações lançados em outras contas. E os prejuízos causados pelas terceirizações poderiam ter sido ainda maiores se a oposição a Richa não tivesse conseguido barrar, em 2013, a implementação do Tudo Aqui Paraná, uma versão local do paulista Poupa Tempo e do mineiro UAI (Unidade de Atendimento Integrado). A ideia era transferir dezenas de serviços públicos para a iniciativa privada, que poderia explorá-los por 25 anos e seria regiamente remunerada pelo Estado. Os prejuízos eram calculados na casa dos bilhões, mas os questionamentos da oposição fizeram Richa recuar.

cargos comissionados

Ao mesmo tempo, enquanto o número de funcionários comissionados com vínculo diminuiu acentuadamente sob o governo Richa, o número de funcionários comissionados sem vínculo com o Estado aumentou exponencialmente. E qual é a diferença entre os cargos comissionados com e sem vínculo anterior com o Estado? Os funcionários comissionados com vínculo são funcionários públicos concursados eventualmente transferidos de suas funções originais para executar projetos e programas dentro de um Estado ao qual eles já servem. A contratação de funcionários comissionados sem vínculo, por sua vez, ao mesmo tempo em que oxigena o serviço público com trabalhadores com novas ideias e sem as mesmas garantias que os concursados, abre a brecha para a contratação de apadrinhados políticos e de funcionários fantasmas. E o que aconteceu durante a administração Beto Richa? O total anual dos vencimentos dos funcionários comissionados com vínculo caiu de R$ 125 milhões em 2010 para R$ 20 milhões em 2014. No mesmo período, os vencimentos dos funcionários comissionados sem vínculo passou de R$ 81,5 milhões para R$ 346,5 milhões, um salto de 424,9%. Para ficar em um exemplo, basta escrever aqui Ezequias Moreira. Conhecido como o "homem da sogra fantasma", Ezequias beneficiou-se durante 11 anos dos salários pagos no nome de sua sogra, registrada como funcionária da Assembleia sem nunca ter aparecido para trabalhar. Em 2007, época da denúncia do caso, o "homem da sogra fantasma" era secretário de Beto Richa na prefeitura de Curitiba. Ezequias Moreira foi demitido quando o escândalo veio à tona e passou a responder pelo crime. Em 2011, já governador, Beto Richa nomeou o "homem da sogra fantasma" para uma diretoria na Sanepar, a estatal estadual de saneamento e abastecimento. Dois anos depois, quando o processo criminal chegava perto do fim, Beto Richa "promoveu" Ezequias a secretário especial de Assuntos de Cerimonial e Relações Internacionais. Criticado, Richa alegou que Ezequias "não pode ser considerado culpado sem ter sido julgado". Como secretário, no entanto, além do salário de R$ 23,6 mil por mês, Ezequias Moreira passou a dispor de foro privilegiado e não poderia ser julgado na Justiça comum. E, ao defendê-lo, o governador não levou em consideração que seu secretário especial era réu confesso.

os educadores como alvo

Há quem aponte o "tarifaço" apresentado em dezembro de 2014 como o início da crise que despertaria a ira dos paranaenses contra um governo recém-reeleito, mas há outro ponto de partida importante para melhor compreender os acontecimentos de 29 de abril de 2015. Nem bem fora reeleito, Richa começou a adotar uma série de ações direcionadas aos professores da rede estadual de ensino, a maior e mais mobilizada categoria do funcionalismo público do Paraná.

É claro que nenhum político em sã consciência faz campanha dizendo que vai promover cortes na educação, na saúde e na segurança públicas com a expectativa de que tais ideias tenham grande apelo popular ou ajudem a ganhar votos em escala. Só é possível obter um parâmetro das reais intenções e prioridades de um candidato a cargo eletivo quando ele assume suas funções. E as prioridades de Beto Richa, uma vez reeleito, passavam longe do fortalecimento da educação pública.

No que concerne especificamente à educação pública, as principais promessas de Richa durante sua campanha à reeleição eram:

- investir na infraestrutura das escolas estaduais;
- instalar internet gratuita e de alta velocidade em todas as escolas da rede pública estadual;
- ampliar a jornada escolar por meio de educação em tempo integral ou em contraturno, com calendário de atividades complementares;
- e estimular o ensino profissionalizante.

Algumas das metas estabelecidas pelo governante paranaense para os quatro anos seguintes incluíam construir 100 novas escolas e promover melhorias em 400 instituições de ensino já existentes, além da abertura de 11 escolas técnicas até 2018 no estado. Em outubro de 2015, porém, o governador chegou a cogitar a realização de uma "reorganização escolar" nos moldes da que levou milhares de estudantes da rede pública estadual de São Paulo a ocuparem centenas de escolas na mesma época. Logo depois das primeiras ocupações no estado vizinho, Richa engavetou temporariamente sua proposta de reorganização.

"A educação é sempre megadefendida nas campanhas eleitorais, mas chega uma crise e o governo opta por cortar despesas em setores de primeira necessidade para a população, como educação, saúde e segurança", observa o presidente da APP-Sindicato, Hermes Leão. Ele ressalva, no entanto, que a forma como são implementadas as medidas de austeridade não é específica do governo Beto Richa. "O governo de São Paulo faz igual e o governo federal também tem seguido esse caminho, assim como acontece com diversos outros governos estaduais e municipais pelo país."

No caso do Paraná, ao longo de seu primeiro mandato, Beto Richa liberou uma série de promoções e progressões de carreira nos quadros do magistério. Mas a defasagem era tamanha que nem a implementação desses direitos nem os reajustes anuais concedidos aos funcionários públicos foram suficientes para que o salário-base dos professores paranaenses permanecesse de maneira consistente acima do piso nacional, aprovado em 2008 e regulamentado três anos depois.

Ao mesmo tempo, a educação pública tornou-se um dos alvos preferenciais de Richa para a implementação do chamado "choque de gestão". Logo no início de seu governo, Richa substituiu os textos pedagógicos pela "pedagogia das planilhas". O que se seguiu foi uma mudança drástica na forma como professores, funcionários e alunos são avaliados.

Em mensagem enviada pelo Palácio Iguaçu à Assembleia em 22 de outubro de 2014, o governador determinou o cancelamento do processo de eleição dos diretores de escolas, o que levou à prorrogação automática dos mandatos até que uma nova votação ocorresse. "Para nós ficou muito evidente uma mudança de metodologia de gestão na condução do governo", afirmou à época Hermes Silva Leão.

"A opção de enfrentamento da crise passou por uma mudança autoritária. Um governo que se dizia de diálogo e respeito repentinamente desaparece da cena do debate, da negociação, e, com apoio também do Poder Legislativo, se viu ali com uma ponte de passagem direta dos projetos de lei da Casa Civil para a Assembleia do Paraná sem diálogo com as entidades de classe", avaliou posteriormente o presidente da APP-Sindicato.

Àquela altura, a maior parte das comunidades escolares paranaenses, em obediência a diretrizes da própria Secretaria de Educação (Seed), já estava mobilizada, com chapas inscritas, comissões eleitorais formadas, algumas delas aguardando somente a chegada de 26 de novembro, data para a qual estava marcada a eleição. O processo foi suspenso.

A flor contra o canhão: policial do Bope ataca manifestante com flor na mão. *(Foto: Joka Madruga)*

Filiada da APP exibe cartaz com cobranças ao governador. *(Foto: Joka Madruga)*

E tudo isso sem o menor diálogo com a APP-Sindicato, entidade representativa não somente dos professores, mas também dos funcionários integrantes do quadro administrativo das escolas. Hermes Leão contou ter ficado sabendo da intenção do governador apenas alguns dias antes, indiretamente, quando a direção da APP encontrava-se em Paranavaí. "Ficamos sabendo disso pelas redes sociais do deputado Luiz Cláudio Romanelli", relembra.

Em 4 de novembro de 2014, uma terça-feira, educadoras e educadores paranaenses dirigiram-se à Assembleia para protestar contra a medida. O então presidente da casa, Valdir Rossoni (PSDB), ordenou aos seguranças que retirassem das galerias os manifestantes mais exaltados. Os seguranças agiram com truculência, os professores reagiram e quatro deles acabaram feridos. O episódio levou a direção da APP-Sindicato a deixar uma assembleia convocada para o início de fevereiro de 2015, com o objetivo de avaliar a situação às vésperas da volta às aulas.

O cancelamento da eleição dos diretores de escolas precedeu, portanto, o "tarifaço" e marcou o início de uma escalada autoritária, tendo os educadores como alvo preferencial, mas não único, das ações de Richa.

O governador desfecharia ainda em 2014 o primeiro de uma série de ataques contra o funcionalismo público como um todo. Era 30 de dezembro e o governador encontrava-se em férias, preparando-se para a posse como se fosse suceder outro governante que não ele. As atenções estavam quase exclusivamente voltadas para as festividades de fim de ano e o estado deveria depositar naquele dia os pagamentos de aproximadamente 37 mil contratos com trabalhadores temporários, os chamados PSSs. Mas eles não viram a cor do dinheiro. Eles já sabiam desde o fim de novembro que os contratos seriam cancelados, mas deveriam receber em dezembro os salários e as devidas rescisões contratuais. Além do calote, o governo pegou os PSSs desmobilizados. Cobrado, o governo prometeu efetuar os depósitos, calculados em R$ 82 milhões, somente na semana seguinte.

A incerteza tomou conta dos PSSs, 29 mil deles vinculados à Secretaria de Educação, e forçou os dirigentes dos sindicatos a tentarem se mobilizar a toque de caixa em solidariedade aos temporários. Na posse de Richa, em 1º de janeiro de 2015, um pequeno grupo de servidores públicos protestou contra o governador no Centro Cívico de Curitiba. Pelo pouco tempo para organizar qualquer manifestação e pelo fato de a maior parte dos PSSs não ser sindicalizada, no entanto, a maioria dos presentes – calculados em apenas algumas dezenas – era da capital e compareceu para protestar e exigir do governador o pagamento dos valores não depositados em 30 de dezembro. O governador reeleito foi recebido pelos manifestantes aos gritos de "caloteiro".

Durante a posse realizada na Assembleia, ironicamente, o governador recebeu do ex-presidente da casa e companheiro de partido, Valdir Rossoni, um cheque simbólico de R$ 230 milhões. A quantia, referente aos repasses constitucionais economizados pela Assembleia no decorrer de 2014, era bastante superior aos R$ 82 milhões devidos aos PSSs. Ao comentar o protesto realizado durante sua posse, Beto Richa ignorou esses fatos e proferiu um discurso especialmente agressivo contra os educadores. Ele acusou a APP-Sindicato de estar ali "a serviço" do PT, da CUT e do governo federal. Na interpretação de Beto Richa, "eles não aceitam a derrota que tiveram nas urnas aqui no Paraná".

Richa ainda alegou que os R$ 82 milhões devidos aos servidores temporários poderiam ser depositados até o quinto dia útil do mês subsequente, sem atentar que essa regra vale apenas para o setor privado. No serviço público, a lei determina que o pagamento seja feito até o fim do mês trabalhado.

Depois de empossado, o governador deixou a Assembleia e seguiu para o Palácio Iguaçu, onde deu posse a seu secretariado, com algumas mudanças que teriam efeito direto sobre os acontecimentos de 29 de abril. O perfil de alguns dos principais secretários apontava para uma significativa mudança de postura do primeiro para o segundo mandato de Beto Richa. Além de Mauro Ricardo Costa, que antes mesmo de sua posse como secretário da Fazenda já era considerado a mente por trás do tarifaço, haveria mudanças em pastas como a Educação e a Segurança Pública. Na Educação, Fernando Xavier, oriundo da iniciativa privada, sucederia Paulo Schmidt, ex-assessor especial do então vice-governador Flávio Arns e que anos antes fora secretário da Educação de Curitiba. Já a Segurança Pública ficaria a cargo de Fernando Francischini, delegado licenciado da Polícia Federal, notório integrante da chamada "Bancada da Bala", e que em outubro reelegera-se deputado federal sob o *slogan* "coragem tem nome e sobrenome". Logo em uma de suas primeiras entrevistas como novo secretário de Segurança, Francischini apareceu ao vivo na Rede Massa, afiliada do SBT no Paraná, com uma arma de fogo visível na cintura. A Rede Massa é de propriedade do apresentador Carlos Massa, o Ratinho, cujo filho, Ratinho Júnior, figurou como deputado estadual mais votado das eleições de 2014, com mais de 300 mil votos. Aliado de Richa desde 2012, Ratinho Júnior seguiria na pasta de Desenvolvimento Urbano.

No decorrer de janeiro, a APP-Sindicato buscou negociar com representantes de Richa na tentativa de solucionar a questão dos pagamentos antes da volta às aulas, prevista para 9 de fevereiro. Os educadores também queriam destravar as promoções e progressões de carreira, prometidas por Beto Richa durante as negociações para encerrar a greve de 2014 e que não foram liberadas no prazo prometido. Ao contrário do que aconteceu no primeiro mandato, porém, as portas para as negociações estavam fechadas. O governador seguia irredutível. O depósito ocorreu em 8 de janeiro, o quinto dia útil, em meio a ruidosos protestos na capital e em diversas cidades do interior.

Enquanto isso, além do calote nos PSSs, o governo não pagou o terço de férias aos funcionários públicos concursados. As quantias deveriam ter sido depositadas em dezembro de 2014 e janeiro de 2015. Para piorar, depois da dispensa de 29 mil PSSs da educação, o governo admitiu a possibilidade de fechamento de turmas, com a finalidade de reduzir pessoal, inclusive diretores e pedagogos, o que levaria à superlotação de estudantes em sala de aula.

Janeiro se aproximava do fim, as aulas estavam prestes a começar, a sociedade assimilava a perspectiva de aumento de impostos em uma época complicada para a maioria dos assalariados, os servidores temporários do Paraná estavam diante de um futuro incerto e a maior parte dos funcionários públicos não tinha recebido o terço de férias.

Eis que o Palácio Iguaçu aproveita o momento para anunciar reajuste superior a 10% nos salários do governador e do secretariado. Com o reajuste, o salário do governador passou de R$ 29,4 mil para R$ 33,7 mil, equiparando-se aos ganhos de um ministro do Supremo Tribunal Federal (STF), considerado o teto do funcionalismo público no Brasil. O salário dos secretários de governo – inclusive o da primeira-dama, Fernanda Richa, e o de seu irmão, Pepe – foi reajustado na mesma proporção, atingindo R$ 23,6 mil. Uma lei estadual tornou automático o reajuste nos salários do governador e dos secretários de governo no Paraná. Enquanto os vencimentos do governador equiparam-se aos de um ministro do STF, o que consequentemente faz com que ele tenha o maior salário entre todos os governadores do Brasil, os secretários recebem o equivalente a 70% do quanto ganha o governador paranaense.

Depois do anúncio do reajuste e da repercussão negativa, Richa divulgou que abriria mão do salário de janeiro. Alegou fazer isso para "reforçar as medidas de austeridade que estão sendo adotadas para o ajuste fiscal". Determinou ainda que a vice-governadora, Cida Borghetti, e todos os secretários fizessem o mesmo naquele mês, mas sem abrir mão do reajuste.

Já era tarde, porém. Professores e funcionários de escolas organizavam protestos contra o governador em Curitiba, Londrina e outras cidades paranaenses. Uma assembleia da APP-Sindicato estava convocada para 7 de fevereiro, dois dias antes da volta às aulas, com o objetivo de decidir os passos seguintes do movimento. E os sindicatos de outras categorias do funcionalismo público estadual preparavam-se para fazer o mesmo.

**fevereiro de 2015:
da bancada do camburão
ao fim do tratoraço**

a primeira greve de 2015

Guarapuava, 7 de fevereiro de 2015. Naquela manhã de um sábado de sol e céu azul sem nuvens na região central do Paraná, milhares de professores e funcionários de escolas da rede pública estadual de ensino do Paraná reuniram-se no pátio do Guarapuava Esporte Clube para discutir em assembleia as mais recentes ações do governo contra a categoria.

Um dia antes da assembleia, o secretário de Educação, Fernando Xavier, concedeu entrevista à RPC assegurando que as aulas seriam iniciadas na segunda-feira e aconselhou os pais a levarem seus filhos para as escolas. Os fatos, no entanto, atropelaram Xavier.

Diante do atraso nos terços de férias e nas promoções e progressões de carreira devidas desde o ano anterior e da iminência do fechamento de turmas e até mesmo de escolas inteiras por causa da dispensa dos PSSs, os educadores paranaenses decidiram por ampla maioria em Guarapuava interromper suas atividades e apresentaram ao governo uma extensa pauta de resistência, composta por dezenas de itens.

"A greve é consequência da irresponsabilidade do governo do Paraná, que atacou direitos pelos quais lutamos décadas para conquistar", desabafou na ocasião o presidente da APP-Sindicato, Hermes Silva Leão.

A Secretaria da Educação, em reação, emitiu nota na qual lamentou a paralisação e informou que os professores receberam reajustes que alcançavam 60% ao longo do primeiro mandato de Beto Richa. E isto era um fato: os reajustes concedidos aos servidores públicos paranaenses, o que incluía os professores, nos quatro anos anteriores atingiam os 60% divulgados pelo governo. No caso do magistério, 28 pontos porcentuais diziam respeito à reposição da inflação, enquanto os outros 32 pontos porcentuais referiam-se à equiparação com outras categorias do funcionalismo e com o piso nacional da categoria.

Acontece que a APP-Sindicato não reivindicava reajuste salarial. A entidade exigia, entre outras coisas, a readmissão de todos os 29 mil PSSs da educação (apenas 10 mil deles haviam recebido atribuição de aulas em janeiro), o pagamento das indenizações devidas pelo Estado a estes mesmos 29 mil PSSs, a volta ao trabalho de 10 mil funcionários de escola afastados, o pagamento do terço de férias devido pelo Estado e a implementação das promoções e progressões de carreira que deveriam ter sido efetivadas em 2014 e não o foram. Diante de um cenário que previa também o fechamento de turmas e talvez de escolas inteiras – na contramão das promessas de campanha de Richa para a educação –, a APP-Sindicato também exigia a retomada do porte das escolas, o fim da superlotação em salas de aula e a posse de mais de 5 mil concursados chamados no fim de 2014 e que estavam sendo dispensados por causa da redução de turmas. Estes eram os itens principais e mais urgentes. A pauta integral, ainda que não se tratasse de campanha salarial, era muito mais extensa e abrangente, indícios de que a greve tinha potencial para ser longa e cansativa.

Decidida a greve, os professores e funcionários de escolas voltaram para as suas cidades, muitos deles com a tarefa de se reunirem com os deputados de suas regiões – vários recém-empossados para o primeiro mandato – para pedir voto contra o pacotaço. Em Curitiba, a APP-Sindicato estabeleceu um acampamento na Praça Nossa Senhora de Salette, bem em frente ao Palácio Iguaçu e à Assembleia Legislativa.

Reunidos em Guarapuava, professores e funcionários de escola decidem pela greve que atrasaria em mais de um mês o início das aulas na rede pública de ensino do Paraná em 2015. *(Foto: Arquivo da APP-Sindicato)*

Na segunda-feira, 9 de fevereiro, foram raras as escolas públicas do estado do Paraná que abriram as portas. Nos dias que se seguiram, a adesão à greve aumentou ainda mais e chegou bem próxima de 100%, contando inclusive com o apoio dos estudantes e dos pais dos alunos da rede estadual de ensino público. O acampamento na Praça Nossa Senhora de Salette, por sua vez, ganhou dos educadores o carinhoso apelido de "formigueiro".

O início do ano letivo definitivamente teria que esperar.

Logo no início da paralisação houve contatos entre o governo e a APP-Sindicato para iniciar rapidamente o diálogo e acelerar a volta às aulas. Mas um desdobramento inesperado faria com que as negociações tivessem que esperar ainda mais.

a ocupação da assembleia legislativa

Em 4 de fevereiro, a quarta-feira que antecedeu a assembleia na qual os professores decidiram entrar em greve, o Palácio Iguaçu enviou à Assembleia Legislativa do Paraná dois projetos de lei na esteira do pacote de maldades iniciado em dezembro de 2014. O governador, que apenas alguns dias antes vira o reajuste automático de seu próprio e nada modesto salário, pretendia impor cortes de benefícios conquistados pelos servidores, promover alterações na previdência dos funcionários públicos – o que incluía a apropriação pelo estado de um fundo de aproximadamente R$ 8 bilhões em depósitos efetuados exclusivamente pelos servidores ao longo dos anos com vistas a suas aposentadorias – e impor critérios mais rigorosos para a concessão de licença aos professores, entre diversas outras medidas para restringir os gastos governamentais.

Uma das mudanças propostas a respeito da ParanaPrevidência previa a fusão do fundo financeiro com o fundo previdenciário. Isso significava que o montante depositado no fundo financiado pelas contribuições dos servidores públicos (aproximadamente R$ 8 bilhões) passaria a fazer parte do fundo financeiro, bancado pelo Tesouro paranaense. A ideia foi percebida imediatamente como uma tentativa de um estado em dificuldades financeiras autoimpostas de se apropriar do dinheiro economizado pelos servidores para suas aposentadorias e assim fazer caixa – intenção esta negada de maneira veemente pelo Palácio Iguaçu, apesar da ausência de dispositivos no projeto de lei que pudessem impedir tal desdobramento se o governo assim desejasse.

Na matemática de Mauro Ricardo Costa, para retirar o Paraná da bancarrota era necessário aumentar as receitas — o que foi obtido parcialmente por meio da elevação de tributos do fim de 2014 e seria potencializado com as mudanças na ParanaPrevidência — e reduzir ao máximo as despesas. "Hoje nós não temos recurso para nada. Nós estamos contando os centavos para fazer o pagamento da folha. A situação é grave", admitiu o secretário em entrevista concedida na ocasião ao jornal *Folha de S. Paulo*. Ao direcionar suas baterias para cortar a folha de pagamento dos servidores do poder Executivo, qualquer pequeno corte teria potencial para se transformar em uma grande economia. E como os professores e funcionários representavam cerca de 60% do quadro de funcionários do poder Executivo, eles seriam fatalmente os mais afetados por qualquer medida de contenção de despesa. Mas o conjunto de medidas afetava o funcionalismo como um todo.

Sob forte chuva, policiais tentam deter avanço de servidores paranaenses contrários à investida do governador Beto Richa contra suas aposentadorias. *(Foto: Joka Madruga)*

Especificamente contra as educadoras e os educadores, transformados em alvo preferencial de Richa apenas alguns meses depois de ele ter prometido honrar seus compromissos com a categoria, um dos projetos continha uma cláusula com o objetivo de condicionar a progressão de carreira dos educadores concursados à disponibilidade de caixa do Estado. O Palácio Iguaçu também tentava suspender o PDE, um programa de desenvolvimento que permitia aos professores tirarem licença remunerada para aperfeiçoamento profissional.

Além disso, o governo pretendia alterar o plano de carreira dos professores, cortar o auxílio-transporte dos servidores do magistério em licença do trabalho e suspender os anuênios e quinquênios de todos os servidores do Executivo, mas essas três medidas acabaram suprimidas em substitutivo apresentado pela liderança do governo na Assembleia Legislativa depois de uma reunião entre representantes do Palácio Iguaçu e mais de 30 deputados da base aliada de Beto Richa.

O projeto de lei foi inicialmente enviado à Assembleia em regime de urgência e desviou momentaneamente o foco das reivindicações contidas na pauta original da greve dos professores a fim de unir o conjunto dos servidores paranaenses na resistência a um ataque frontal do governo aos funcionários públicos do estado. A pressa do governo para votar projeto tão polêmico sinalizava a intenção de restringir ao máximo o debate, o que desencadeou reação imediata dos deputados de oposição e dos diversos sindicatos reunidos no FES. A indignação tomou conta de vários setores, como o dos professores universitários, dos agentes penitenciários, dos servidores da saúde e até mesmo dos quadros técnicos do Tribunal de Contas do Estado (TCE).

Em 10 de fevereiro, um dia depois do início da greve dos educadores, milhares de servidores públicos estavam reunidos na Praça Senhora de Salette, apesar da persistente chuva, com o intuito de pressionar o governo a recuar. No início da tarde, centenas deles tiveram acesso às galerias da Assembleia para acompanhar a sessão legislativa na qual os deputados estaduais paranaenses decidiriam se os projetos referentes ao pacotaço apresentado pelo governo teriam sua tramitação aceita ou rejeitada pelo plenário.

"Retira ou rejeita!", demandavam os servidores.

A bancada governista, porém, fez ouvidos moucos. Não bastasse terem aceitado os projetos, os deputados aliados de Richa aprovaram, com 34 votos a favor e 19 contra, a tramitação deles em comissão geral.

Ainda mais rápida que o regime de urgência, a comissão geral era um mecanismo previsto no artigo 107 do regimento interno da Assembleia que permitia aos deputados votarem um projeto de lei em menos de 24 horas, sem que a proposta passasse por comissões específicas, e em sessões extraordinárias realizadas todas no mesmo dia. Peculiaridade da política paranaense, o artigo 107 fora criado décadas atrás e diversos governadores se utilizaram do recurso, tanto em tempos ditatoriais quanto em períodos democráticos. A Assembleia Legislativa do Paraná era a única do Brasil com esse tipo de dispositivo, popularmente conhecido como "tratoraço" e normalmente empregado em projetos de lei de interesse do Poder Executivo estadual.

Servidores no plenário da Alep. Ocupação forçou governo a recuar. *(Foto: Joka Madruga)*

Ao longo de seu primeiro mandato, Beto Richa recorreu sempre que pôde ao artigo 107 do regimento interno da Assembleia. Quando um projeto era aceito em comissão geral, uma única votação em plenário era suficiente para que fosse aprovado. Aplicado a temas importantes, como aconteceu com os projetos de lei vinculados ao pacotaço, o trâmite em comissão geral era alvo de severas críticas, uma vez que restringia demais o debate.

A aprovação do tratoraço para a tramitação dos projetos de lei revoltou os servidores públicos que ocupavam as galerias da Assembleia em 10 de fevereiro de 2015. No ápice da tensão, diante da recusa da base governista em ouvir os pedidos vindos das galerias para que os projetos fossem rejeitados ou retirados, a indignação coletiva dos funcionários públicos levou-os a furar o esquema de segurança interno da Assembleia e a ocupar o plenário. "O governo provavelmente não mediu que haveria consequências daquele porte", acredita Hermes Leão. "Não se imagina que um governo queira sofrer uma confrontação como a ocorrida em fevereiro", prossegue.

A Polícia Militar foi chamada, mas não reprimiu a ocupação do plenário da Assembleia.

a bancada do camburão

Com o plenário ocupado no dia 10, os deputados paranaenses viram-se obrigados a arrumar outro espaço para as sessões. Na quarta-feira, 11, e na quinta-feira, 12, as sessões legislativas foram realizadas de maneira improvisada no restaurante da Assembleia. Os servidores, por sua vez, cuidaram de bloquear todos os pontos possíveis de acesso à Assembleia.

No dia 11, enquanto mantinham a ocupação do Legislativo, os servidores revezavam-se entre o plenário e o acampamento estabelecido na Praça Nossa Senhora de Salette. Um interdito proibitório, uma espécie de reintegração de posse prévia a uma eventual ocupação chegou a ser expedido pela Justiça para pôr fim à ocupação, mas a APP-Sindicato recorreu da decisão. No dia seguinte, a ocupação do plenário estendeu-se a outras dependências da Assembleia Legislativa, mais precisamente para o pátio de estacionamento. Milhares de servidores derrubaram as grades e entraram na sede do Legislativo enquanto outros se sentaram no chão em frente a todos os acessos possíveis do edifício, o que fez com que o prédio ficasse totalmente cercado. Os portões de acesso ao TJ também foram bloqueados e manifestantes chegaram a revistar porta-malas de carros de juízes para evitar a entrada de deputados.

"AlibaBeto e os deputados do camburão": dizeres de uma das faixas usadas pelos servidores para denunciar e ridicularizar Beto Richa e os deputados de sua base. (*Foto: Joka Madruga*)

A situação era tensa, mas o protesto transcorria pacificamente. Mesmo assim, a PM fez uso, pela primeira vez em 2015, de bombas de gás lacrimogêneo e de balas de borracha contra os manifestantes. Onze pessoas, sendo seis manifestantes e cinco policiais, foram atendidas por serviços de emergência com ferimentos considerados "leves". O governador Beto Richa atribuiu a violência aos servidores.

Enquanto isso, com a Assembleia cercada e com medo de passar entre os manifestantes, 27 deputados da base aliada de Beto Richa viram-se obrigados a pedir ajuda à PM. Cogitou-se realizar a sessão longe da Assembleia, mas a oposição precisaria ser notificada com antecedência e os manifestantes provavelmente seriam informados sobre qualquer eventual mudança. Um veículo blindado de transporte então foi cedido pela PM aos legisladores governistas, que só assim criaram coragem para atravessar a multidão e entrar na Assembleia para a sessão daquela tarde de quinta-feira. O secretário de Segurança Pública, Fernando Francischini, também estava no interior do veículo. Francischini chegou a sair do veículo blindado para abrir caminho aos deputados, entre os quais se encontrava seu filho Felipe, mas foi abordado por um manifestante e correu para trás do cordão de isolamento policial. Pouco depois, os deputados desceram e atravessaram uma passagem aberta em um trecho das grades em volta do Legislativo. As grades foram serradas por funcionários da Assembleia em um ponto distante dos portões convencionais, sem chamar a atenção dos manifestantes.

Entraram na Assembleia de camburão naquela tarde de 12 de fevereiro os seguintes deputados, com os nomes em ordem alfabética:

- Ademar Traiano (PSDB, presidente da Assembleia)
- André Bueno (PDT)
- Artagão Junior (PMDB)
- Bernardo Ribas Carli (PSDB)
- Cantora Mara Lima (PSDB)
- Claudia Pereira (PSC)
- Cobra Repórter (PSC)
- Cristina Silvestri (PPS)
- Evandro Junior (PSDB)
- Fernando Scanavaca (PDT)
- Felipe Francischini (Solidariedade)
- Francisco Buhrer (PSDB)
- Gilberto Ribeiro (PSB)
- Guto Silva (PSC)
- Hussein Bakri (PSC)
- Jonas Guimarães (PMDB)
- Luiz Carlos Martins (PSD)
- Luiz Claudio Romanelli (PMDB, líder da bancada do governo)
- Maria Victória (PP)
- Mauro Moraes (PSDB)
- Nelson Justus (DEM)
- Paulo Litro (PSDB)
- Pedro Lupion (DEM)
- Plauto Miró (DEM)
- Tiago Amaral (PSB)
- Tião Medeiros (PTB)
- Wilmar Reichembach (PSC)

Os deputados governistas citados na lista passaram então a ser jocosamente chamados de integrantes da "Bancada do Camburão". Mas não só eles. Convencionou-se entre os desafetos de Beto Richa incorporar a esse grupo qualquer legislador que votasse a favor do governo em projetos de lei rechaçados por movimentos sociais e sindicais.

A cena dos deputados entrando na Assembleia a bordo de um camburão foi tão simbólica e surreal que impressionou até mesmo políticos tarimbados. Conhecido pela falta de papas na língua, Roberto Requião admitiu, dias depois, no Twitter: "Nem nos meus momentos mais ácidos imaginei pôr a bancada Richista inteira em um camburão".

Na avaliação do cientista político Ricardo Costa de Oliveira, da UFPR, a crise na qual Richa envolveu o Paraná e a maneira como tentou solucioná-la são "manifestações do familismo, do nepotismo, que é também uma prática autoritária, uma vez que a Assembleia Legislativa é dominada por poucas famílias. A gente ainda vê que os grandes chefes políticos da Assembleia também pertencem, em sua maioria, a essas estruturas de parentesco, transmitidas ao longo de várias gerações".

No dia seguinte, começaria o feriado prolongado de Carnaval de 2015. Tempo suficiente para que os deputados governistas fossem alvo do escárnio e da irreverência populares. Desfilou pelas ruas curitibanas naquele feriado o "Bloco do Camburão", com direito a uma vã pintada de preto com as fotografias de diversos integrantes da bancada. Apesar do tamanho do veículo, faltou espaço para as fotos de todos os membros da bancada.

A polícia, por sua vez, multou o veículo usado pelos foliões. Motivo? A descaracterização do automóvel. A infração foi enquadrada como "grave", com perda de cinco pontos na carteira do proprietário, multa de RS$ 127,69 e retenção dos documentos do veículo.

a retirada do pacotaço e o fim do tratoraço

A pressão popular surtiu efeito. No mesmo dia em que os servidores públicos paranaenses forçaram a base governista a formar na última hora aquela que se convencionou chamar de "Bancada do Camburão", o pacotaço foi retirado da pauta, em uma das sessões realizadas no restaurante da Assembleia Legislativa do Paraná. O presidente da Assembleia, Ademar Traiano, aproveitou o embalo e comprometeu-se a sepultar o tratoraço. No fim da tarde de 12 de fevereiro, diante dessas conquistas e depois de um diálogo mediado pela bancada de oposição a Richa, os servidores concordaram em deixar o plenário e voltaram a se concentrar no acampamento em frente à Assembleia.

Ao retirar o pacotaço de pauta, o secretário-chefe da Casa Civil de Beto Richa, Eduardo Sciarra, comprometeu-se a dialogar com a sociedade e com os setores do funcionalismo afetados pelas medidas, especialmente no que se referia às mudanças que o governo pretendia promover na ParanaPrevidência. Enquanto isso, nos dias que se seguiram aos acontecimentos de 12 de fevereiro, oposição e situação apresentaram propostas de resolução para que a comissão geral fosse retirada do regimento interno da Assembleia. Menos de um mês depois, no início de março, os deputados aprovariam por unanimidade o fim do tratoraço. Eles também aproveitariam a ocasião para criar uma comissão incumbida de revisar o regimento interno da casa.

Com o fim da comissão geral, todos os projetos de lei encaminhados à Assembleia voltaram a ter de passar obrigatoriamente pela análise das comissões permanentes do Legislativo estadual. Dessa forma, o regime de urgência passou a ser o mais rápido meio disponível para que o governo aprovasse leis de seu interesse com o menor debate possível, que exigia pelo menos 48 horas de trâmite por comissões internas da Assembleia para que um projeto de lei começasse a ser apreciado pelo plenário. Para o deputado Tadeu Veneri, não fosse a mobilização dos servidores públicos paranaenses, a comissão geral provavelmente teria continuado em vigor. "Esse mecanismo já existia desde antes da Constituição de 1988, era visto com bons olhos pelos governadores, fossem quais fossem, e não existia força política da Assembleia para derrubá-lo. Foi uma conquista da sociedade proporcionada pelos servidores", afirma.

Nem é preciso ir muito longe para se perceber a deturpação da finalidade com que o governo Beto Richa recorria a ritos legislativos mais céleres. Na Câmara Federal, por exemplo, para tramitar em regime de urgência, "a proposição deve tratar de matéria que envolva a defesa da sociedade democrática e das liberdades fundamentais; tratar-se de providência para atender a calamidade pública; de Declaração de Guerra, Estado de Defesa, Estado de Sítio ou Intervenção Federal nos Estados; acordos internacionais e fixação dos efetivos das Forças Armadas, entre outros casos". A Câmara dos Deputados possui também o regime de urgência-urgentíssima, menos célere que a extinta comissão geral.

E já que não tinha mais a comissão geral à sua disposição, nos meses seguintes Beto Richa passou a fazer uso quase indiscriminado do regime de urgência, na maioria dos casos em meio a críticas da oposição pela falta de debate com a sociedade sobre temas de grande relevância.

Seja como for, com a retirada do pacotaço e a promessa da iminente extinção da comissão geral logo nos primeiros dias da greve dos professores, as atenções rapidamente se voltaram para a pauta dos educadores sobre a necessidade de uma solução que permitisse o início do ano letivo nas escolas públicas do estado. Era chegada a hora de negociar.

A reação dos servidores às propostas do governo e a solução temporária encontrada somente às vésperas do Carnaval retardaram consideravelmente o início das negociações entre Estado e professores. O diálogo formal teria início mais de dez dias depois da assembleia que decidiu pela paralisação. Até houve uma tentativa de diálogo logo no início da greve, mas o processo foi suspenso após a ocupação da Assembleia pelos grevistas. Simultaneamente, a paralisação dos professores estimulou outros setores insatisfeitos do funcionalismo a decidirem pela greve, entre eles os profissionais da saúde, os agentes penitenciários, os funcionários do Poder Judiciário estadual e os funcionários do Detran, entre outros.

A primeira rodada de diálogo com os educadores viria a ocorrer somente na tarde de 19 de fevereiro, uma quinta-feira, nas dependências do Palácio Iguaçu. A reunião gerou expectativa de que o fim da greve estaria próximo. Ao término do encontro, representantes dos dois lados relataram avanços, mas disseram não ter conseguido abordar todas as questões em pauta na primeira reunião.

Vitoriosos, servidores celebram em frente à Alep, com Palácio Iguaçu ao fundo. *(Foto: Joka Madruga)*

O secretário-chefe da Casa Civil paranaense, Eduardo Sciarra, qualificou a reunião como "produtiva" e assumiu, em nome do governo, o compromisso de não suprimir direitos dos funcionários públicos quando fossem reenviados à Assembleia Legislativa os projetos de lei referentes a cortes nos gastos, o que deveria ocorrer na semana seguinte.

Já o presidente da APP-Sindicato, Hermes Leão, admitiu avanço, mas observou que o encontro não foi suficiente para a discussão de todo o conjunto da pauta.

Logo nesse primeiro encontro, o governo paranaense aceitou fatiar de maneira temática os projetos de lei referentes a cortes no orçamento que seriam enviados à Assembleia sem recorrer a ritos regimentais que acelerassem os trâmites ou restringissem os debates. Com relação à previdência dos servidores estaduais, o governo também se comprometeu a abrir um debate antes de levar o assunto de volta à Assembleia.

Quanto às rescisões devidas aos professores temporários dispensados no fim de dezembro, que totalizavam R$ 82 milhões, o governo comprometeu-se a depositar os valores ainda em fevereiro. Mas a administração paranaense insistia em dividir em três meses os terços de férias atrasados, conforme cronograma de pagamentos anunciado na véspera.

A discussão sobre importantes questões administrativas foi adiada para o dia seguinte, em nova reunião no Palácio Iguaçu.

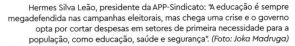

Hermes Silva Leão, presidente da APP-Sindicato: "A educação é sempre megadefendida nas campanhas eleitorais, mas chega uma crise e o governo opta por cortar despesas em setores de primeira necessidade para a população, como educação, saúde e segurança". *(Foto: Joka Madruga)*

tribunal de faz de contas

A segunda rodada de negociações estava marcada originalmente para a manhã de 20 de fevereiro, uma sexta-feira, mas o encontro acabou adiado para a parte da tarde. Na véspera, enquanto governo e educadores participavam da primeira rodada de negociações, o Tribunal de Contas do Estado (TCE) aprovou o pagamento de auxílio-moradia aos 20 conselheiros, auditores e procuradores do organismo, um privilégio autooutorgado pelo TJ do Paraná e posteriormente ampliado ao Ministério Público Estadual sob a alegação de "isonomia". Com a medida, cada um deles passaria a receber mensalmente uma adição de R$ 4.377,74 aos próprios vencimentos sem a necessidade de prestar contas sobre o uso do dinheiro. Não lhes bastava o salário mensal superior a R$ 20 mil. Até mesmo os conselheiros, auditores e procuradores com casa própria e residência fixa em Curitiba seriam contemplados com a benesse. A estimava era de que a decisão em causa própria dos conselheiros do TCE custaria aos combalidos cofres públicos cerca de R$ 1 milhão por ano.

Os professores, então, aproveitaram o adiamento da reunião com representantes do governo para realizar uma passeata pacífica até o prédio do TCE, situado a apenas algumas dezenas de metros do acampamento.

Aos gritos de "vergonha", "devolve" e "tribunal de faz de contas", os manifestantes foram aplaudidos por funcionários técnicos do TCE que não gozam dos mesmos privilégios dos conselheiros, auditores e procuradores do órgão. A passeata prosseguiu pacificamente e a Polícia Militar destacou um modesto contingente, que se limitou a organizar o trânsito e a acompanhar de longe a movimentação dos mais de mil professores presentes.

Semanas antes, o mesmo TCE dera parecer contrário ao pagamento do auxílio-transporte dos professores estaduais (R$ 360 mensais para professores com carga horária de 20 aulas semanais e R$ 720 para docentes com 40 aulas na semana).

Em janeiro, o modesto auxílio-transporte pago aos professores chegou a ser rotulado de "excrescência" por Mauro Ricardo Costa, o secretário da Fazenda de Beto Richa.

Instada a se manifestar sobre a decisão do TCE, a Secretaria da Fazenda do Paraná informou que não haveria pronunciamento oficial sobre a decisão do TCE por parte de Mauro Ricardo Costa em respeito à "independência dos poderes".

O fato é que tanto o comportamento do Tribunal de Justiça ao outorgar-se o benefício quanto o do Tribunal de Contas de estendê-lo a seus conselheiros, procuradores e auditores expuseram a desconexão do Judiciário, de longe o mais imperscrutável entre os poderes da república, com o restante da sociedade.

"São ilhas de prosperidade em um mar de tragédias", compara o deputado Tadeu Veneri. "Na medida em que o restante da população não tem os mesmos direitos, esses auxílios são privilégios. Quando se tem essa situação, em que o benefício é ofertado apenas para alguns poucos privilegiados, você desconstrói a república."

Tadeu Veneri defende a redução dos porcentuais constitucionais repassados pelo Executivo paranaense aos poderes Legislativo e Judiciário e ao Ministério Público. "Quando esses porcentuais foram pensados, a realidade de arrecadação do estado era outra. Essa realidade de arrecadação aumentou muito nos últimos anos. Como se trata de um porcentual, o repasse a esses poderes aumentou demais, passou a haver sobra de recursos e com isso começou-se a inventar coisas para gastar", explica.

E enquanto o Legislativo e o Judiciário do Paraná tinham em suas contas mais dinheiro do que necessitavam – o primeiro devolvendo o dinheiro ao término dos exercícios e o segundo criando auxílio atrás de auxílio para justificar os repasses constitucionais –, o Poder Executivo seguia em sua urgente busca de meios de evitar o iminente colapso financeiro do estado.

prosseguem as negociações

Quanto à nomeação dos mais de mil professores e pedagogos concursados, a medida deveria ter efeito imediato, segundo entendimento de Hermes Leão, presidente da APP-Sindicato. Os funcionários concursados em questão tiveram a nomeação revertida dias depois de terem assumido suas funções no ano anterior.

Já os impasses que impediram um acordo definitivo naquela tarde estavam relacionados principalmente com o terço de férias atrasado e com as promoções e progressões que deveriam ter sido efetivadas no segundo semestre de 2014. "Não vamos assumir despesas sem que haja perspectiva de receitas", argumentou o secretário-chefe da Casa Civil paranaense, Eduado Sciarra, ao defender a insistência do governo em parcelar em duas vezes os R$ 144 milhões em terço de férias que deveriam ter sido pagos aos professores entre dezembro e janeiro. O governador tucano Beto Richa, que em nenhum momento participou diretamente das negociações, insistia em pagar o terço de férias atrasado em duas parcelas de R$ 72 milhões cada em março e abril.

Apesar da falta de um acordo definitivo, representantes do governo deixaram a reunião assegurando que o Palácio Iguaçu cumpriria os compromissos já assumidos com os professores, entre eles a nomeação dos concursados e o pagamento de R$ 82 milhões nas rescisões de contrato de cerca de 29 mil professores temporários dispensados em dezembro.

Tais avanços, no entanto, foram considerados insuficientes para que a APP-Sindicato discutisse a possibilidade de convocação de uma nova assembleia em reunião do Conselho Estadual da entidade prevista para o fim de semana que se aproximava. A greve prosseguiria, assim como o acampamento montado na Praça Nossa Senhora de Salette. Como categoria, os professores e funcionários de escolas mostravam-se mais coesos que de costume. Além dos integrantes da diretoria eleita da APP-Sindicato, líderes de correntes rivais como Luiz Carlos Paixão, da Militância Socialista, e Rodrigo Tomazini, da Conlutas, passaram a ser chamados para participar das negociações em nome dos educadores paranaenses. Uma terceira rodada de diálogo seria realizada na semana seguinte enquanto diminuía a esperança quanto a um fim próximo da paralisação dos educadores.

terceira semana de greve

A greve dos professores da rede pública estadual de ensino do Paraná entrou na terceira semana sem que houvesse perspectiva sobre o início do ano letivo de 2015 nas escolas do estado. O acampamento permanente de protesto manteve-se movimentado durante o fim de semana de 21 e 22 de fevereiro, com atividades culturais e debates movimentando o "formigueiro". A adesão à greve, enquanto isso, mantinha-se acima de 90%.

Reunido durante praticamente todo o sábado na sede da APP-Sindicato, em Curitiba, o Conselho da entidade manteve a paralisação por tempo indeterminado e confirmou sua presença em um grande protesto em frente ao Palácio Iguaçu convocado pelo Fórum das Entidades Sindicais para a quarta-feira, 25 de fevereiro, com o objetivo de pressionar o governador tucano Beto Richa a recuar das recentes medidas adotadas contra os funcionários públicos.

O avanço obtido nas negociações com o governo permitiu à APP-Sindicato pressionar pela discussão de itens essenciais de sua extensa pauta. Os professores pretendiam tentar reverter o cancelamento das licenças-prêmio e do programa de aperfeiçoamento profissional dos educadores, além de garantir a implementação das promoções e progressões que não foram efetivadas em 2014, contrariando compromisso assumido pelo próprio Beto Richa antes de sua reeleição. Esses e outros pontos ainda sem acordo entre governo e professores deveriam ser discutidos em uma terceira rodada de negociações aguardada para o início daquela semana. Os professores exigiam também uma auditoria na dívida do estado e a revisão das alíquotas de repasse ao Judiciário e a órgãos como o Tribunal de Contas do Estado (TCE).

A terceira rodada de negociações ocorreu por fim em 25 de fevereiro, uma quarta-feira. Antes da reunião, milhares de professores e servidores de outras categorias do funcionalismo público reuniram-se nas praças Rui Barbosa e Santos Andrade, ambas na região central de Curitiba, para um ato de protesto contra o governo. Os manifestantes primeiro seguiram em passeata até a Catedral de Curitiba, onde as duas marchas se encontraram, e depois seguiram até o Centro Cívico para levar o protesto até os portões do governador tucano Beto Richa. Estimadas 20 mil pessoas participaram do protesto.

Naquele momento, com a greve caminhando para sua quarta semana, a indefinição em relação ao início do ano letivo começava a se transformar em pressão tanto sobre o governo quanto sobre a APP-Sindicato. Enquanto o Palácio Iguaçu denunciava uma suposta intransigência dos grevistas, a APP-Sindicato enfatizava tratar-se de uma paralisação para evitar perdas que o governo tentava impor não apenas aos educadores, mas a todos os servidores públicos do estado. A pressão, de fato, era muito maior sobre o governo. Os professores tinham a seu favor o elevado índice de adesão à greve e o apoio tanto dos estudantes quanto dos pais dos alunos. Uma pesquisa de opinião encomendada pelo jornal *Gazeta do Povo* ao instituto Paraná Pesquisas, e realizada entre 23 e 27 de fevereiro, mostrava que 90,1% dos paranaenses apoiavam naquele momento a paralisação dos professores.

Antes de entrar para a reunião daquela quarta-feira, Hermes Leão antecipou a jornalistas que, mesmo na hipótese de um acordo ser obtido naquele dia no Palácio Iguaçu, os professores estaduais continuariam em greve, uma vez que o resultado do acordo precisaria ser analisado e votado pela categoria. "Nós temos instâncias que vão avaliar o andamento da negociação", explicou Leão.

    Mais uma vez houve avanços. Representantes do governo comprometeram-se a distribuir aulas e, na iminência de um acordo, chegaram a anunciar que deixariam as escolas preparadas para que as aulas pudessem ser retomadas o mais rápido possível, talvez já na segunda-feira seguinte, 2 de março. O encontro, no entanto, não resultou em acordo e a greve dos professores seguiria por tempo indeterminado.

solidariedade

Simone Aparecida Fiorati é professora de matemática e biologia. No início de 2015 completou 17 anos como professora temporária em escolas estaduais. Como acontecia todos os anos desde o início dessa prática pelo estado, Simone e os demais professores temporários do Paraná seriam dispensados depois da virada do ano, ficando à espera de logo a seguir serem recontratados para mais um ano de trabalho. Mas, ao contrário do que ocorreu em períodos anteriores, além de não ter sido recontratada em janeiro de 2015, Simone não recebeu as verbas indenizatórias referentes ao término do contrato. Sem dinheiro para pagar as contas, ela passou a depender da solidariedade de familiares e vizinhos. Nas primeiras semanas de dificuldades, ela recebeu duas cestas básicas do padre da igreja do bairro onde mora e pagou algumas contas atrasadas graças a bicos como diarista em casas de pessoas conhecidas. "Minha mãe também ajudou: pagou água, luz e as despesas com material escolar para o meu filho", explicou ela.

Na segunda quinzena de fevereiro, com dois meses de atraso, o governo paranaense comprometeu-se a pagar os R$ 82 milhões em indenizações devidos aos cerca de 29 mil professores temporários cujos contratos expiraram em dezembro.

Incrédulos, professores como Simone preferiam esperar para ver se a promessa seria cumprida. "Isso nunca tinha acontecido antes", afirmou a professora de história Déborah Fait, temporária desde 2008.

O número de professores temporários costuma variar de acordo com a necessidade. Ao longo dos anos que antecederam as greves de 2015, a quantidade de docentes contratados temporariamente chegou a cerca de 29 mil em 2014. No ano seguinte, com os cofres públicos à beira do colapso, o governo fechou inesperadamente turmas e até escolas inteiras. Com isso, apenas 10 mil professores temporários receberam atribuição de aulas em janeiro. Mesmo indenizados, como realmente foram, os cerca de 19 mil professores restantes ficariam na rua, pelo menos no curto prazo.

E enquanto a paralisação entrava pela terceira semana, a solidariedade para com os educadores tornou-se marca da crise que atrasou o início do ano letivo nas escolas do Paraná e também atingiu as universidades estaduais.

O professor de filosofia Kléber Mendes contou com a ajuda de colegas da escola onde trabalhava em Curitiba. "Eles ficaram sabendo que eu estava em dificuldades, fizeram uma vaquinha e me deram o dinheiro para eu poder pagar minhas contas. Se eu tenho água, luz e gás é graças a eles", relatou o professor.

Acampados havia duas semanas na Praça Nossa Senhora da Salette quando essas entrevistas foram concedidas, Déborah, Simone e Kléber montaram um pequeno bazar. No fim do dia, eles dividiam entre si o dinheiro levantado com a venda dos itens para aliviar um pouco as dificuldades financeiras.

"Estou financiando uma casa pela Caixa. No mês passado (janeiro), eu me virei pra conseguir pagar prestação, mas este mês eu ainda não sei como vou fazer", relatou Déborah.

Veroni Salette Del Ré é professora efetiva, mas era solidária com seus colegas temporários e apoiava suas reivindicações. "Minha situação é bem mais confortável. Sou concursada e estou há 24 anos na mesma escola. Sou a primeira a escolher aulas. Já os temporários pegam as aulas picadas, uma turma de manhã, outra de tarde, às vezes nem sobra noite numa escola. Muitas vezes pegam aulas em duas, três, até quatro escolas.

Os temporários são o segmento mais penalizado da nossa profissão", avalia Veroni. Um dos motivos para o grande número de professores temporários no Paraná era o fato de o governo do estado ter ficado muitos anos sem promover concursos para a docência. Na prática, a contratação de servidores temporários transformou-se em política de Estado no Paraná. Até mesmo soldados da Polícia Militar convocados em 2014, por exemplo, foram contratados temporariamente.

Em 2014, o governo abriu concurso para contratar 13 mil professores e pedagogos. Apenas 5.522 foram chamados. Dias depois da convocação, mais de mil deles tiveram a contratação cancelada sem explicações logo depois de terem assumido seus postos.

"Muitos deles gastaram mais de mil reais do próprio bolso para fazer os exames admissionais, que não são pagos pelo governo, outros pediram demissão de emprego, alguns até mudaram de cidade, para dias depois o governo chegar e dispensar", criticou Déborah.

Na segunda semana da primeira greve protagonizada pelos professores em 2015, o governador Beto Richa concordou em empossar os mais de mil concursados dispensados na ocasião. O concurso em questão, no entanto, é polêmico. O baixo número de aprovados levou muitos dos candidatos a pedirem vista das provas. Quando receberam as provas, a surpresa: muitos deles não tiveram suas redações nem ao menos corrigidas.

"É uma situação humilhante essa que estamos passando", resumiu Kléber.

professores convocam assembleia

As greves de professores no primeiro semestre de 2015 expuseram curiosa celeridade e disponibilidade do sistema judicial paranaense, costumeiramente tão lento e repleto de obstáculos ao cidadão comum, como no restante do Brasil, para atender a demandas do Palácio Iguaçu.

Era um sábado, 28 de fevereiro, já perto das 19h, quando o juiz de plantão Victor Martim Batschke ordenou em caráter liminar o retorno às salas de aula dos professores do 3º ano do ensino médio. A intenção da medida era evitar prejuízo aos alunos que prestariam provas do Enem e vestibulares ainda em 2015. Batschke também determinou a volta ao trabalho de 30% dos servidores da área administrativa. A APP-Sindicato tinha 48 horas para cumprir a decisão. O eventual descumprimento acarretaria multa de R$ 10 mil por dia.

O Palácio Iguaçu chegou a divulgar que o juiz teria declarado a greve "ilegal", mas o magistrado não se pronunciou sobre o assunto no despacho. É necessário aqui salientar que não existe greve ilegal. O que havia era um pedido para que o Tribunal de Justiça do Paraná (TJ-PR) se pronunciasse sobre se a paralisação dos professores era ou não abusiva, mas o assunto não foi decidido naquele sábado.

A direção da APP-Sindicato prometeu acatar a decisão judicial, mas o atraso da Secretaria de Educação na implementação da organização escolar aceita pelo governo na semana anterior – o que incluía, por exemplo, o número de turmas e a distribuição das aulas entre os professores – impedia o cumprimento efetivo da medida. Dessa forma, o sindicato pediu a realização de uma audiência de conciliação com o objetivo de exigir do governo as condições para que as escolas fossem reabertas e as aulas, retomadas.

Ao mesmo tempo, o Conselho Estadual do sindicato convocou para a quarta-feira, 4 de março, uma assembleia na qual seus filiados decidiriam pela continuidade ou não da paralisação. Na véspera da assembleia, o comando de greve da APP-Sindicato reuniu-se e decidiu propor a continuidade da paralisação. "A organização escolar ainda não está suficiente. Queremos que todas as condições efetivas para trabalhar estejam adequadas", explicou a secretária de Finanças da APP-Sindicato, Marlei Fernandes.

Em clima festivo e pacífico, milhares de professores lotaram as arquibancadas do Estádio Durival de Britto, do Paraná Clube, onde foi realizada a assembleia de 4 de março. "Só vi a Vila lotada assim em jogos contra o Corinthians", brincou o deputado Tadeu Veneri ao olhar para as arquibancadas do estádio, também conhecido como Vila Capanema.

Os professores decidiram então pela manutenção da greve. Com isso, a paralisação que na prática impediu o início do ano letivo nas escolas estaduais paranaenses caminharia para completar um mês. Também seria mantido o acampamento de protesto na Praça Nossa Senhora de Salette.

Antes da votação, o presidente da APP Sindicato, Hermes Leão, abriu espaço para a manifestação de qualquer presente que tivesse uma proposta alternativa à continuidade da greve. Nenhum presente se manifestou.

O comando do sindicato também levou a votação uma proposta para que a assembleia fosse mantida permanentemente. Com a medida, a APP-Sindicato poderia reinstalar a assembleia com aviso prévio de apenas 24 horas. Normalmente, o prazo é de 48 horas. A proposta também foi aceita pelos educadores em greve.

Educadores votam pela suspensão da greve. *(Foto: Joka Madruga)*

A continuidade da greve refletia de certo modo a vontade da opinião pública paranaense. A sondagem encomendada pelo jornal curitibano *Gazeta do Povo* ao instituto Paraná Pesquisas realizada no fim de fevereiro mostrava não só que 90% dos entrevistados que estavam sabendo da greve apoiavam as reivindicações dos professores, mas também revelava que 80% dos entrevistados apoiavam a ocupação da Assembleia, ocorrida logo no segundo dia de paralisação. Ao mesmo tempo, o índice de desaprovação à administração do tucano Beto Richa batia 76%. Em dezembro de 2014, 65% dos paranaenses aprovavam Richa, segundo o Paraná Pesquisas. Apenas quatro meses antes, o tucano fora reeleito governador em primeiro turno, com 55% dos votos válidos. "Quando o governo adota esse tipo de atitude, a população não aceita", afirmou Angelo Vanhoni.

Depois da assembleia realizada pela manhã, os professores saíram em passeata até a Assembleia, onde seria finalmente votada em plenário a extinção da comissão geral, o dispositivo regimental que possibilitou durante os últimos anos a implementação do chamado tratoraço, por meio do qual o Executivo impôs ao Legislativo uma série de medidas com pouco ou nenhum debate com a sociedade.

Diante da extinção formal da comissão geral, Hermes Leão qualificou o acontecimento como "mais uma vitória da mobilização dos professores".

judicialização e suspensão da greve

A liminar julgada pelo juiz Victor Martim Batschke em 28 de fevereiro representou o primeiro passo concreto do governador Beto Richa no sentido de judicializar a greve dos professores e dos funcionários de escolas. Além de ver sua popularidade derreter apenas alguns meses depois de ter sido reeleito com folga, Richa via-se diante de uma categoria unida por uma causa considerada justa pela sociedade, segundo as pesquisas de opinião disponíveis naquele momento. Mas o governador ainda tinha à sua disposição o rolo compressor do Estado.

No decorrer das negociações, os professores conseguiram do estado uma série de compromissos que preservariam direitos da categoria. O Palácio Iguaçu já havia depositado R$ 82 milhões em indenizações devidas aos cerca de 29 mil professores temporários pela dispensa no fim de 2014, comprometera-se a retomar o porte das escolas anterior ao que vinha tentando implementar e aceitara reempossar mais de mil professores e pedagogos concursados que chegaram a assumir seus postos em 2014 e acabaram dispensados dias depois. Também conseguiram, entre outras coisas, garantias referentes ao pagamento dos terços de férias devidos pelo estado e às promoções e progressões de carreira devidas desde 2014. Ainda não havia, no entanto, um acordo formal. Reinava a desconfiança. No fim de fevereiro, o Palácio Iguaçu, então, se afastou do diálogo e começou a judicialização da greve dos professores. Horas depois da assembleia, que em 4 de março decidiu pela continuidade da greve, o desembargador Luiz Mateus de Lima acatou pedido do governo e ordenou em caráter liminar a volta às aulas. Autorizou ainda o uso da força pela polícia em caso de piquetes em frente às escolas. Caso descumprisse a medida, a APP-Sindicato estaria sujeita a multa, elevada de R$ 10 mil para R$ 20 mil por dia, e o estado estaria autorizado a descontar as faltas dos professores. A judicialização, no entanto, teve um lado positivo para professores e funcionários de escola, uma vez que o desembargador não declarou a greve abusiva e aceitou mediar uma mesa de diálogo entre governo e grevistas.

"Nossas greves nunca tinham sido judicializadas antes. Mesmo no primeiro mandato do Beto Richa, mesmo na época do Jaime Lerner. Sempre se negociava primeiro até achar uma solução. O confronto se dava na mesa de negociação", lembra Arnaldo Vicente, que em 2015 era diretor de política sindical da APP.

Cientes da decisão do TJ, os diretores da APP-Sindicato esquivaram-se durante dois dias dos oficiais de Justiça com o objetivo de ganhar tempo até o inusitado diálogo mediado pelo desembargador Luiz Mateus de Lima. Diferentemente do que acontece na iniciativa privada, não existe formalmente a figura da audiência de conciliação para queixas trabalhistas de funcionários públicos. O presidente da APP, professor Hermes Leão, foi notificado da decisão da Justiça somente no dia 6, quando compareceu perante o desembargador para a audiência entre representantes do governo e dos educadores em greve. A mediação do desembargador deveu-se a esforços dos deputados Nereu Moura e Professor Lemos, da oposição, e Luiz Cláudio Romanelli, líder da bancada governista na Assembleia. A nova assembleia ocorreu na manhã de 9 de março, uma segunda-feira. Cinco professores defenderam a continuidade da paralisação e cinco discursaram em favor da suspensão. Na votação, ficou decidida a suspensão da greve depois de quase um mês de paralisação. Com isso, os professores manteriam o chamado estado de greve, que permitiria a retomada da paralisação no caso de o governo descumprir os compromissos assumidos durante as negociações.

Os professores decidiram voltar às escolas na terça-feira, 10 de março. Seriam realizados dois dias de organização pedagógica, e as aulas seriam retomadas somente na quinta-feira, 12 de março.

A secretária de Finanças da APP-Sindicato, Marlei Fernandes, criticou a judicialização da greve, mas negou que a suspensão do movimento tivesse relação com a liminar obtida pelo estado. "Existe uma desconfiança enorme em relação ao governo, e por isso nos mantivemos em estado de greve, para voltarmos a parar imediatamente caso consideremos necessário", explicou.

A mediação do Tribunal de Justiça do Paraná acabou por viabilizar um avanço visto pelos professores como importante: o estabelecimento de uma data para o pagamento das progressões e promoções atrasadas desde 2014. No decorrer das negociações, o governo havia se comprometido a implementar as promoções e progressões de 2014 nos meses de maio para os funcionários das escolas e de junho para os professores. Não havia, porém, previsão de quando seriam pagos os atrasados. Diante da Justiça, o governo comprometeu-se a depositar os atrasados em agosto para os funcionários e em outubro para os professores.

Diante desses avanços, na véspera da assembleia, em uma reunião que se estendeu por seis horas, 25 dos 29 núcleos estaduais da APP-Sindicato defenderam a suspensão da greve e o início das aulas.

Ao término da assembleia de 9 de março, os professores seguiram até o Centro Cívico, onde realizaram um ato público antes de desmantelarem o acampamento estabelecido havia quase um mês em frente às sedes dos poderes Executivo e Legislativo do Paraná.

um balanço da greve

Vinte e nove dias separaram o início da paralisação dos professores e a suspensão da primeira greve de 2015. Quando a greve foi deflagrada, no início de fevereiro, os professores estaduais e outras categorias do funcionalismo público paranaense encontravam-se na iminência de perder uma série de direitos e ver confiscado seu fundo de previdência em meio a uma série de medidas adotada pelo governo Beto Richa sob o pretexto de cortar gastos e aumentar a arrecadação para fazer frente a uma crise financeira no estado. Crise esta que era desconhecida do público até algumas semanas depois das eleições de outubro de 2014, quando Richa foi reeleito em primeiro turno com mais de 55% dos votos e com um discurso de que o Paraná "estava bem e agora ficaria melhor".

Ao longo de praticamente um mês de greve, a APP-Sindicato, entidade que representa os professores estaduais paranaenses, conseguiu:

- reverter a dispensa de milhares de professores temporários que não seriam recontratados em 2015;
- garantir a posse de mais de mil pedagogos concursados

que foram convocados e dias depois dispensados pelo governo em 2014;
- forçar o governo a pagar as indenizações atrasadas aos professores temporários dispensados no fim de 2014;
- substituição da chefe de recursos humanos da Secretaria da Educação;
- garantias de que seria depositado no fim de março o terço de férias que deveria ter sido pago em novembro e dezembro do ano anterior;
- e um cronograma de implementação e pagamento das promoções e progressões devidas pelo governo desde o início de 2014.

Além disso, a APP-Sindicato convenceu o governo a promover uma reorganização escolar que levaria à reabertura de turmas e à manutenção de escolas que poderiam ter sido fechadas se a mobilização não tivesse ocorrido. E essas foram apenas as principais vitórias obtidas pelos professores paranaenses naquela paralisação.

Sob forte chuva, policiais tentam deter avanço de servidores paranaenses contrários à investida do governador Beto Richa contra suas aposentadorias. *(Foto: Joka Madruga)*

"Os núcleos entendem que esta é uma greve vitoriosa, que chegamos a um patamar significativo e que podemos sair unificados, com muita disposição de luta, para qualquer eventual retorno [à greve]", explicou a professora Marlei Fernandes, secretária de Finanças da APP.

As conquistas da greve, no entanto, não se limitaram ao ensino. Na primeira semana de paralisação, os professores ocuparam a Assembleia e impediram a aprovação de um projeto de lei por meio do qual o fundo de previdência dos servidores públicos – com saldo estimado em R$ 8 bilhões – seria incorporado a um caixa único do governo, sem garantias de que o dinheiro seria usado exclusivamente para pagar aposentados e pensionistas. Diante da reação dos professores e demais servidores, o governo comprometeu-se a submeter a amplo debate qualquer alteração na previdência do estado e assegurou que nenhum centavo seria usado para outro fim que não o pagamento de aposentados e pensionistas.

Também por causa da mobilização dos servidores, a Assembleia extinguiu a comissão geral, o artifício regimental por meio do qual o governo do estado impunha o chamado "tratoraço", tendo os projetos de seu interesse aprovados a toque de caixa, sem debate com a sociedade. A comissão geral era usada normalmente para aprovar projetos de lei considerados impopulares.

A greve teve adesão superior a 99% e impediu o início do ano letivo nas escolas da rede estadual de ensino do Paraná, mas a indignação da população em geral diante da postura do governo e os argumentos apresentados pelos professores fizeram com que pais, alunos e sociedade paranaense se unissem em torno da causa dos educadores. Um instituto local de pesquisas apurou 90% de apoio à greve entre adultos paranaenses cientes da paralisação. Até mesmo o desembargador Luiz Mateus de Lima, apesar de ter ordenado o início imediato do ano letivo em liminar buscada pelo governo, recusou-se a declarar a greve abusiva.

"Nós estamos unidos nessa luta e não vamos permitir nenhum direito a menos", declarou a professora de educação física Márcia Aparecida de Oliveira, que viajou de Guarapuava a

Curitiba para votar na assembleia de 9 de março. "O apoio dos pais e dos alunos, assim como toda essa união entre os professores, foi possível principalmente graças à velocidade com que a informação é transmitida hoje. Em greves passadas, às vezes levava dias até a informação chegar a cidades distantes. Hoje todo mundo fica sabendo quase na mesma hora, seja por celular ou pela internet", prosseguiu ela.

No decorrer daquela assembleia, os dirigentes da APP fizeram questão de frisar que a suspensão não significava o fim da greve. "Continuamos em estado de greve e podemos voltar a qualquer momento, caso assim decida a categoria", salientou Marlei Fernandes. "Nós confiamos na nossa luta. A desconfiança da categoria em relação ao governo permanece a mesma de antes", concluiu.

"Essa greve é uma resposta dos professores à arrogância do governo, que achou que podia fazer o que bem entendesse só porque tinha ganhado a eleição", analisou por sua vez o deputado Tadeu Veneri.

E esse sentimento não estava restrito aos professores, aos servidores nem à oposição. Reeleito havia menos de seis meses com 55% dos votos e em primeiro turno, a avaliação negativa da administração Beto Richa atingira 76%.

29 de abril: o massacre

tentativa de campanha salarial

A primeira greve protagonizada pelos professores da rede pública estadual de ensino do Paraná em 2015 consistiu em um ato de resistência. Não havia reivindicação salarial. Os principais itens da pauta pretendiam preservar direitos.

Aproximava-se, então, o 1º de maio, data na qual historicamente é reajustado o salário dos funcionários públicos do Paraná. Já passava da metade de abril e o Palácio Iguaçu não fizera menção de negociar o índice de reajuste com o Fórum das Entidades Sindicais (FES).

Enquanto isso, mais de um mês já se passara desde o fim da greve, mas graves problemas ainda podiam ser constatados nas escolas paranaenses. Diversas instituições de ensino continuavam sem verba para refeições e milhares de alunos haviam passado pelo menos duas semanas com a grade de aulas indefinida por causa da demora na redistribuição de aulas.

No Colégio Estadual do Paraná (CEP), alunos e funcionários continuavam sem almoço e janta em 17 de abril. As refeições eram servidas normalmente até o fim de 2014, lembrou o aluno Caio F., de 17 anos. Desde 12 de março de 2015, quando as aulas foram efetivamente iniciadas, os alunos da maior escola pública do Paraná recebiam apenas um lanche nos intervalos de cada período. O almoço e o jantar servidos a estudantes e funcionários que passavam o dia inteiro na escola foram cortados por falta de verba.

Antes mesmo do término da greve, o secretário-chefe da Casa Civil de Beto Richa, Eduardo Sciarra, assegurou a jornalistas após uma das rodadas de negociações com os professores que já havia condições para a retomada imediata das aulas. Mas não foi o que aconteceu. A retomada plena das aulas ocorreu somente no início de abril no CEP, situado no bairro curitibano do Alto da Glória, relatou a estudante Luana V., de 15 anos. "Até a semana retrasada a gente ainda não sabia direito em quais dias teríamos quais matérias", detalhou Mariane M., aluna do segundo ano do ensino médio.

Pressionado por 29 de dias de paralisação, Beto Richa comprometeu-se a atender a maior parte das pautas apresentadas pela APP-Sindicato. Mas apesar de alguns dos compromissos assumidos pelo governo terem sido cumpridos, como a recontratação de milhares de professores e funcionários temporários, outros problemas continuavam afetando os professores. "Houve uma retomada com dificuldades", resumiu o presidente da APP-Sindicato. "Estamos fazendo um acompanhamento muito direto sobre o desdobramento da pauta."

Além de questões organizacionais como a redistribuição e a definição dos horários das aulas, outro grave problema referia-se ao terço de férias atrasado. O dinheiro, que originalmente deveria ter sido pago no fim do ano anterior, foi finalmente depositado na conta dos professores paranaenses em março, conforme prometido pelo governo. Durante o processamento da folha, porém, uma série de descontos "comeu" parte da remuneração devida pelo estado aos professores. Para a maioria dos professores e funcionários, os descontos limitaram-se a alguns poucos reais, mas em alguns casos chegaram a consumir quase toda a quantia devida pelo estado, causando descontentamento e realimentando a desconfiança entre os profissionais do ensino. A APP-Sindicato considerou os descontos ilegais e exigiu o imediato ressarcimento. O governo admitiu o problema, alegou ter ocorrido "erro" durante o processamento da folha e prometeu compensar os professores lesados.

Enquanto isso, depois de terem protagonizado a maior mobilização em décadas da categoria, os professores seguiam mobilizados e preparavam-se para discutir com o governo o reajuste dos salários.

Por lei, a data-base dos professores paranaenses é 1º de maio. A APP-Sindicato reivindicava reajuste de 13,01% para o piso da categoria. O objetivo era promover a equiparação com o piso nacional dos educadores, em vigor desde 2011, mas em relação ao qual o Paraná seguia defasado. Para o restante dos educadores, a APP exigia apenas a reposição da inflação nos 12 meses anteriores segundo o INPC, estimada então em 7,2%. Uma assembleia da categoria já estava prevista para 25 de abril em Londrina com a intenção de avaliar o período pós-greve e definir as mobilizações seguintes. Simultaneamente, a APP-Sindicato buscava contato com o governo com o objetivo de antecipar o debate e tentar um acordo antes da data-base. O governo, porém, ainda não havia atendido ao chamado para negociar antes de 1º de maio. E nem atenderia. Naquele momento, um novo confronto já estava em gestação.

Com manifestantes próximos ao bloqueio, Tropa de Choque da PM paranaense prepara-se para dar início ao massacre. *(Foto: Joka Madruga)*

a gestação de um novo confronto

Há quem considere os acontecimentos de 12 de fevereiro de 2015 ainda mais importantes do ponto de vista histórico do que o massacre de 29 de abril. É o caso do deputado Tadeu Veneri, na época líder da pequena mas combativa bancada de oposição ao governo Beto Richa na Assembleia Legislativa. "A reação do governo naquele momento é de perplexidade. O dia 29 de abril é um dia importante para a história das pessoas, para a experiência das pessoas, para a vida delas. Foi um choque de realidade", analisa Tadeu Veneri. "Elas acreditavam que o governador ia ser sempre um homem de terno e gravata, camisa e cabelo arrumado, terno bem cortado e nunca seria uma pessoa capaz de agredi-las. Esta é a imagem que passa. E esse choque se deu inclusive entre os eleitores do governador Richa", explica ele.

"No dia 29 de abril havia todo um aparato do Estado preparado para deter qualquer possibilidade de se interromper a sessão. [...] Já o dia 12 de fevereiro tem uma ação de massas muito violenta do ponto de vista da sua execução, não violência física, mas no sentido de uma imposição pelo que estava acontecendo na Assembleia: o trâmite do projeto de lei que investia contra suas aposentadorias. Os manifestantes então derrubam as grades e entram mesmo com os policiais mostrando suas armas, sabendo do risco de serem alvejados com armas de fogo", prossegue ele. "É um dia de ação dos servidores, e não de reação", conclui o deputado.

A espontaneidade da ocupação da Assembleia por milhares de servidores públicos indignados, ocorrida em 12 de fevereiro, acuou os poderes e forças constituídos, obrigou o governador Beto Richa a retirar o projeto original de reforma da ParanaPrevidência e levou a direção do Legislativo a comprometer-se com a extinção da comissão geral.

A promessa do fim do tratoraço foi cumprida até com certa celeridade. Menos de um mês depois da ocupação da Assembleia Legislativa, a comissão geral deixou de fazer parte do regimento interno do Legislativo paranaense. A reforma da ParanaPrevidência, por sua vez, era um tema muito mais complexo. Ao retirar o projeto de mudança do custeio da aposentadoria dos servidores públicos paranaenses, o Palácio Iguaçu prometeu discutir o assunto com o FES antes de apresentar uma nova proposta. Os servidores tiveram então a oportunidade de expor ideias, mas poucas das propostas por eles apresentadas foram acolhidas no novo projeto, reapresentado à Assembleia em 7 de abril.

Na versão do governo, as discussões foram exaustivas. "Fizemos da maneira mais democrática possível", enfatizou na ocasião o secretário-chefe da Casa Civil, Eduardo Sciarra. No entanto, das mais de dez emendas apresentadas pelo Fórum das Entidades Sindicais à proposta do governo, apenas duas foram acatadas. O deputado estadual Professor Lemos (PT) qualificou então como "monólogo" o que o governo chamou de "diálogo".

A fusão do fundo previdenciário com o fundo financeiro estava descartada. O governo também abriu mão de recursos como o regime de urgência. Apresentado à Assembleia, o projeto seria debatido em audiência pública e seguiria os trâmites normais da casa, sendo submetido à análise das comissões legislativas pertinentes.

O novo projeto previa, no entanto, que o dinheiro usado no pagamento dos benefícios de aproximadamente 33 mil servidores aposentados com 73 anos ou mais passaria a sair do fundo previdenciário da ParanaPrevidência. Tal dispositivo resultaria numa economia de aproximadamente R$ 125 milhões por mês ao combalido Tesouro estadual. O montante representava a metade do que o governo economizaria com a fusão dos fundos, mas consumiria anualmente R$ 1,5 bilhão dos recursos economizados pelos servidores para suas aposentadorias. Na prática, o Estado não abandonou a pretensão de se apropriar das aposentadorias. Apenas elevou de três para seis anos o tempo que levaria para exaurir os recursos depositados no fundo previdenciário pelos servidores com vista às suas aposentadorias.

"O governador e seu secretário da Fazenda fizeram uma radiografia de onde havia recursos", observa Tadeu Veneri. "E onde havia mais recursos? Justamente no fundo de previdência dos servidores públicos. Oito bilhões de reais, de onde o governo já havia tomado 500 milhões de reais dois anos antes, com a necessidade de pagar de volta e não pagou. Foi uma opção primeiro econômica e depois política. Coisa que o Rio Grande do Sul não fez, coisa que o Rio de Janeiro não fez, coisa que São Paulo não fez, mesmo com as dificuldades nesses estados", comparou ele.

Também é importante ressaltar que, ao contrário do ICMS, do IPVA e de outros tributos cuja arrecadação precisava ser partilhada com os municípios ou com os demais poderes, o dinheiro da previdência entraria limpo nos cofres do governo, sem a necessidade de repasses. Além disso, o estado devia aos servidores anos de contribuição patronal à previdência. A inadimplência do Palácio Iguaçu datava desde o governo Requião e foi mantida sob Richa.

Na nova proposta de reforma da ParanaPrevidência, a contrapartida do Palácio Iguaçu consistia na promessa de investir R$ 1 bilhão no fundo previdenciário quando o estado voltasse a receber *royalties* pagos pela Itaipu Binacional pela energia gerada pela usina hidrelétrica. O problema é que o Paraná não teria direito a *royalties* provenientes de Itaipu antes de 2021, já que o dinheiro referente aos anos anteriores já havia sido antecipado – e consumido. No cenário mais otimista, que incluía o cumprimento desta promessa, cálculos indicavam que as mudanças reduziriam praticamente pela metade – de 57 para 29 anos – o tempo de solvência do conjunto dos fundos de aposentadoria dos servidores públicos estaduais. As alterações buscadas pelo governo no custeio das aposentadorias também acarretavam risco de o Paraná perder o direito a repasses da união, o que dependia de um parecer do Ministério da Previdência sobre as mudanças.

Nem era preciso ser muito atinado para imaginar que a nova proposta seria tão mal recebida pelos servidores quanto a original, mas o governo seguiu em frente. "A perplexidade que toma conta do governo só não é maior do que sua necessidade de aprovar o projeto", resumiu Tadeu Veneri. Em poucos dias, dezenas de sindicatos realizariam assembleias e decidiriam pela paralisação.

assim nasce um massacre

Da mesma forma como acontecera no início de 2015, mais uma vez os professores mobilizavam-se ao mesmo tempo em que os servidores do Poder Executivo manifestavam indignação com uma iniciativa do Palácio Iguaçu.

A crise envolvendo governo e servidores públicos voltou a subir de tom em 22 de abril, quando o projeto de lei que imporia mudanças na ParanaPrevidência acabou aprovado pela Comissão de Constituição e Justiça (CCJ) da Assembleia. Numa manobra protelatória, o deputado Péricles de Mello (PT) havia pedido vista do parecer favorável à constitucionalidade do projeto na sessão anterior da CCJ. Na avaliação do deputado petista, a iniciativa do governo era inconstitucional e, portanto, deveria ser rejeitada pela CCJ. Mas Péricles de Mello foi voto vencido. Da CCJ, o projeto de lei seguiria para o plenário da Assembleia na sessão seguinte, prevista para 27 de abril, quando começaria a ser apreciado em três turnos pelos deputados. Antes disso, no entanto, ocorreria a assembleia da APP-Sindicato, prevista para a manhã do sábado, 25 de abril, no Canadá Country Club, em Londrina.

Reunidos em Londrina, professores e funcionários de escolas do Paraná decidem pela segunda greve em menos de dois meses na rede pública estadual de ensino. A assembleia não havia nem começado e a Justiça paranaense já havia concedido ao governo um interdito proibitório para que os educadores não pudessem entrar na Assembleia Legislativa. *(Foto: Arquivo da APP-Sindicato)*

Os educadores, portanto, ainda nem tinham decidido por uma nova paralisação quando o juiz de plantão Eduardo Lourenço Bana, acionado pela direção da Assembleia Legislativa, resolveu legalizar a ilegalidade. Na noite da sexta-feira, 24 de abril, o magistrado decidiu pela imposição de um interdito proibitório – dispositivo criado originalmente para lidar com conflitos de terra – por meio do qual vedava por antecipação o acesso dos servidores públicos às galerias do Legislativo nas sessões referentes ao futuro da ParanaPrevidência.

Em qualquer democracia, as sessões legislativas são públicas e o acesso do povo às galerias é uma garantia legal. Mas a Justiça paranaense entendeu diferente naquele caso. A alegação da mesa-diretora era de que a ocupação ocorrida em fevereiro provocara prejuízos materiais ainda não ressarcidos e que, para evitar uma repetição, seria necessário impedir o ingresso dos servidores às galerias. Naquele momento, descoladas da realidade, importantes instituições paranaenses tratavam os funcionários públicos do estado como potenciais criminosos.

O fato é que havia muitos bilhões em jogo, o Palácio Iguaçu tinha diante de si uma maioria confortável e dócil na Assembleia e estava disposto a qualquer ação, mesmo que abrisse margem para posteriores contestações judiciais, capaz de trazer para seu controle as economias para as aposentadorias dos servidores.

Na mesma decisão, o juiz Eduardo Bana determinou a instalação de telões na Praça Nossa Senhora de Salette para que os servidores pudessem assistir às votações. Na visão do magistrado, tal medida seria suficiente para contornar a ausência do povo nas galerias e dar publicidade à sessão. Só que o magistrado não parou por aí. Ele também autorizou, "desde já, a requisição de reforço policial para o cumprimento da ordem", e impôs multa diária de R$ 10 mil em caso de "esbulho ou turbação da posse" da Assembleia. E tudo isso antes mesmo de a assembleia da APP-Sindicato ter acontecido. Na prática, o magistrado antecipava a necessidade de uma reintegração de posse. Mas reintegração de posse do quê? A quem? O juiz simplesmente não se deu conta de que não havia posse a ser restituída, uma que vez a Assembleia Legislativa é, por sua própria natureza, a casa do povo.

Reunidos em Londrina e já em posse de parte dessas informações na manhã do sábado, os professores decidiram lançar a campanha salarial junto com a segunda greve em apenas dois meses. Também decidiram que voltariam a fazer da Praça Nossa Senhora da Salette um "formigueiro" humano. O governo paranaense não pensou duas vezes. No próprio sábado, a região de Centro Cívico começou a ser isolada a pretexto de se fazer cumprir a ordem judicial. Teve início então uma operação de guerra. Barreiras de metal foram instaladas em volta da Assembleia e centenas de policiais receberam ordem de deixar suas cidades e seguir para Curitiba. O pátio do Legislativo tornou-se uma espécie de base militar, onde os soldados descansavam e guardavam seus equipamentos.

O governador paranaense deixava claro que, em sua visão retrógrada (e abre-se aqui um parêntese para enfatizar que se trata de uma postura comum no campo conservador, e não de uma peculiaridade de Beto Richa), greves e mobilizações sociais ainda deveriam ser tratadas como casos de polícia, e não como direitos assegurados pela Constituição cidadã de 1988. Nem o mais ingênuo dos richistas poderia, porém, afirmar que o enorme contingente policial e a operação de guerra que se montou naquele fim de semana teria a nobre intenção de "manter a paz" ou fazer cumprir a liminar buscada pela direção da Assembleia na Justiça. "Não houve uma ação para fazer regular ou para garantir a autoridade de uma decisão judicial", enfatizou o jurista Jorge Luiz Souto Maior em fala alguns dias depois do Massacre do Centro Cívico a estudantes de direito da Universidade Federal do Paraná (UFPR). "O aparato policial foi usado para a satisfação de um interesse particular do governante."

Na noite de domingo, 26 de abril, a tensão já podia ser sentida no ar de quem passasse pela região do Centro Cívico. Mesmo com o cerco da PM, os professores voltaram a acampar na Praça Nossa Senhora de Salette. Na madrugada da segunda para a terça-feira teve lugar, então, o primeiro episódio mais grave de repressão policial.

Perto da 1h da manhã do dia 28, a PM enviou guinchos à praça com o objetivo de rebocar dois caminhões de som usados pelos professores. Ou seja, além de impedir que os professores entrassem na Assembleia, a Polícia Militar queria dificultar a comunicação entre eles, assim como sua organização no decorrer dos protestos. Os professores se sentaram no chão na tentativa de impedir pacificamente que a PM entrasse no acampamento e rebocasse os caminhões. Os policiais usaram spray de pimenta, bombas de gás e balas de aço revestidas de borracha contra os professores. Doze pessoas ficaram feridas. A PM alegou ter agido porque, ao tentarem impedir a retirada dos caminhões de som, os professores entraram em uma área na qual não teriam autorização para permanecer.

Ainda durante a madrugada, a direção da APP-Sindicato alugou um novo caminhão de som. No entanto, quando o veículo se aproximava do Centro Cívico, por volta das 6h da manhã, o motorista e um passageiro foram ameaçados de prisão pela PM.

O caminhão de som retornou no meio da manhã. Os manifestantes tinham se reunido na Praça 19 de Dezembro e seguiram em passeata pela Avenida Cândido de Abreu em direção à

Praça Nossa Senhora de Salette. Por volta das 10h30, quando o caminhão chegou à rotatória em frente à prefeitura de Curitiba, a PM voltou a bloquear a sua passagem. Viaturas foram posicionadas no caminho e a tensão foi aumentando. Até que um grupo de manifestantes mais exaltados, entre eles o presidente da APP-Sindicato, uniu-se e ergueu uma das viaturas. A PM então estourou bombas e um helicóptero passou a baixa altitude pelo local. Depois do incidente, Hermes Leão telefonou para a senadora Gleisi Hoffman e pediu a ela que tentasse intervir na situação, o que levou à formação de uma comissão de senadores para visitar o Paraná no dia seguinte.

Apesar da reação policial, os professores mantiveram o acampamento, finalmente receberam autorização para aproximar um carro de som da Praça Nossa Senhora de Salette e continuaram protestando durante toda a terça-feira atrás do bloqueio estabelecido pela PM ao redor da Assembleia. Repetido exaustivamente pela mídia local naqueles dias, o discurso ensaiado entre Richa e seus apoiadores na Assembleia era de que a presença policial era necessária para assegurar o pleno funcionamento do Legislativo.

Nádia Brixner, a incansável voz do caminhão de som da APP-Sindicato, comanda mais um protesto. (*Foto: Joka Madruga*)

Líderes sindicais discursaram durante aquele dia lembrando aos milhares de servidores presentes que foi a pressão popular exercida em fevereiro que provocou a retirada do projeto original do governo sobre a previdência dos servidores. Do carro de som, cujas chaves foram tomadas por um policial em meio à ameaça de prisão do motorista, eles lembravam às forças de segurança pública que a reivindicação também defendia o interesse deles. "Foi nesse dia que nossa preocupação com a segurança dos servidores aumentou", relembra Hermes.

Para agravar a situação, os policiais militares destacados para a operação também tinham sua dose de estresse elevada pelos desmandos de seus superiores. Enquanto os soldados da capital viam-se diante da possibilidade de ferir cônjuges ou filhos presentes nos protestos, aqueles que foram levados do interior a Curitiba para cumprir a ordem judicial eram submetidos por seus comandantes a turnos exaustivos, com comida escassa e pouco tempo para descanso. Circulava também uma ameaça de que eventuais manifestações individuais de descontentamento em relação às ordens vindas de cima seriam passíveis de ameaças coletivas. Uma delas dava conta que, se um policial se recusasse a cumprir ordens, todo o batalhão seria punido com adiamento de férias e promoções.

Em um trecho do bloqueio estabelecido pela PM, três professores conversavam animadamente com um policial. Os quatro eram primos e mostraram-se desconfortáveis por encontrarem-se em lados opostos. Eles pediram para não serem identificados nem fotografados para evitar que o primo policial, um sargento, viesse eventualmente a ser punido. "É uma luta de todos nós", disse um deles. "O nosso protesto tenta preservar direitos de nós, professores, e também do nosso primo, que é policial e está a serviço do Estado. Acho triste estarmos em lados opostos, mas acho que é mais difícil a situação deles [os policiais]. Muitos deles são casados com professoras, ou professores, muitos deles têm filhos nas escolas públicas, que hoje estão aqui protestando ao nosso lado."

Estava claro que o cerco policial para garantir que a Assembleia desse ao governo acesso aos bilhões depositados no fundo previdenciário dos servidores tinha apenas um interessado. E ele não era nem professor, nem policial, nem um servidor público comum.

disputas na justiça

Diante da recusa da sociedade paranaense em aceitar suas propostas de alteração na ParanaPrevidência, o Palácio Iguaçu enxergou na interdição e na judicialização do debate os meios mais rápidos e eficazes de chegar onde pretendia: aos recursos do fundo previdenciário mantido com depósitos dos servidores públicos.

Beto Richa está longe de ser um pioneiro nesse tipo de ação. Na passagem de 2000 para 2001, o ex-presidente estadunidense Bill Clinton, ao passar as chaves da Casa Branca para George W. Bush, deixou os fundos de aposentadoria mantidos pelo governo dos Estados Unidos com dinheiro suficiente para se manter por mais de 20 anos. Poucos meses depois de empossado, George W. Bush encontrou meios de colocar as mãos no dinheiro para financiar sua chamada "Guerra ao Terror", conduzindo a potência norte-americana a uma das maiores crises socioeconômico-financeiras de sua história.

A lógica de curto prazo é parecida. A plutocracia, à qual pertencem tanto a família Bush quanto a família Richa, não tem que se preocupar com o futuro. Para que então deixar tanto dinheiro parado em fundos previdenciários se os ocupantes dos altos cargos estatais têm sempre negócios mais importantes e urgentes a tratar do que permitir que seus servidores se aposentem com dignidade?

Na primeira paralisação dos educadores em 2015, apesar de muitos direitos terem sido preservados naquele momento por meio de negociação, a judicialização da greve interrompeu abruptamente o diálogo e se tornou fator de desarticulação.

Em 27 de abril, no primeiro dia de vigência da nova greve dos professores, o desembargador Luiz Mateus de Lima, do TJ-PR, declarou a greve "abusiva" e determinou que os professores voltassem imediatamente às salas de aula. A multa diária estabelecida à APP-Sindicato era de R$ 40 mil. A direção da greve, por sua vez, prometeu recorrer, anunciou que a paralisação seria mantida pelo menos até a quinta-feira, já que um grande ato de protesto estava programado para a quarta-feira, e informou que o sindicato arcaria com eventuais multas.

A Justiça paranaense concedeu à APP-Sindicato, no dia 28, um *habeas corpus* que liberava o acesso de 400 pessoas às galerias da Assembleia, o suficiente para lotá-las. A decisão foi comemorada, mas a alegria durou pouco. No dia seguinte, o desembargador Xisto Pereira concedeu liminar voltando a proibir a ocupação das galerias na sessão daquela tarde, quando ocorreria a votação definitiva do projeto sobre a ParanaPrevidência na Assembleia.

Chegou a haver uma oferta da direção da Assembleia para que apenas os líderes dos sindicatos dos servidores entrassem nas galerias. Mas a proposta foi considerada descabida pelas entidades sindicais dos outros servidores paranaenses. "A gente não podia simplesmente entrar e largar as pessoas na praça. Não faria o menor sentido", argumentou Hermes Leão.

Enquanto isso, a cada nova decisão da Justiça favorável ao governo e contrária aos servidores, os ânimos se acirravam ainda mais. Só não se esperava, apesar da operação de guerra montada ao redor da Assembleia Legislativa, que o governo colocaria toda a força bruta à sua disposição para massacrar os servidores.

nervos à flor da pele

O penúltimo dia de abril de 2015 amanheceu com os nervos à flor da pele. Era como se houvesse dois cercos à Assembleia Legislativa do Paraná. Um deles era feito por centenas de policiais militares. Ainda não se sabia ao certo quantos PMs haviam sido deslocados para Curitiba. As estimativas variavam de 1,5 mil a 4 mil soldados deslocados para a capital. Paramentados como se estivessem prestes a entrar em combate, eles revezavam-se em turnos e usavam como base o pátio da Assembleia. Ao redor deles, milhares de servidores públicos indignados reivindicavam o direito de terem suas vozes ouvidas pelos representantes do poder. Chegou a ser idealizado, inclusive, uma espécie de cerco do cerco, no qual os servidores públicos estabeleceriam, como ato de desobediência civil, um cordão em torno dos policiais. Mas a extensão da área do cerco policial e a tensão ocasionada pelo amplo deslocamento das forças de segurança para o Centro Cívico impediram que a proposta se concretizasse conforme o planejado.

"Quando a gente foi percebendo esse deslocamento de tropa, iniciado já no fim de semana, ficou claro para nós que o governo estava se mobilizando para impedir a manifestação", recorda Hermes Leão. "O interdito proibitório resumia-se à Assembleia. Eles ampliaram o cerco com a interdição de praça, de ruas. Isso causou uma preocupação maior, pois dava para perceber que o cenário era de preparação para uma batalha, para uma guerra campal."

A segunda greve dos professores em 2015 entrava, então, em seu terceiro dia com adesão praticamente total, apesar de logo depois de sua deflagração a Justiça do estado, acionada pelo Palácio Iguaçu, ter declarado a paralisação abusiva. De acordo com a decisão, os educadores teriam aqueles dias descontados no pagamento e a APP-Sindicato, que recorria da decisão, seria multada. Até aquele momento, a discussão sobre o reajuste dos servidores públicos não fora nem sequer iniciada, uma vez que o governo mantinha-se à margem de qualquer diálogo.

PMs tentam reposicionar portão derrubado durante ocupação da Alep em 12 de fevereiro. *(Foto: Joka Madruga)*

No início da tarde de 29 de abril, uma comissão do Senado Federal encabeçada por Roberto Requião (PMDB) e Gleisi Hoffman (PT) foi recebida pelo presidente da Assembleia, Ademar Traiano (PSDB). Os senadores apelaram para que o projeto sobre a ParanaPrevidência fosse retirado de pauta à espera de um parecer do Ministério da Previdência solicitado pelo próprio governador. Gleisi advertiu que um eventual parecer negativo poderia impedir o Paraná de ter acesso a repasses voluntários da União e inviabilizar uma certidão que garantiria ao estado acesso a empréstimos. O parecer não demoraria mais do que alguns dias, mas o apelo dos senadores foi solenemente negado.

Mais cedo, logo no início da manhã, caravanas de professores vindas de todos os cantos do Paraná começaram a chegar a Curitiba para uma concentração em frente à Assembleia. A expectativa das entidades sindicais era de que pelo menos 20 mil pessoas participariam ali de mais um protesto contra o governo, pois para aquele mesmo dia era esperado o fim da tramitação do projeto de lei enviado pelo governo à Assembleia para reformar a ParanaPrevidência. Durante a tarde, o texto passaria uma vez mais pela CCJ da Assembleia e seria votado em segundo turno pelo plenário da casa.

Era esperada também a convocação de uma sessão extraordinária para que o projeto fosse votado em terceiro turno e passasse por sua redação final antes de ser encaminhado para sanção do governador. A aprovação era dada como favas contadas tanto por deputados governistas quanto de oposição. E tudo isso com os servidores públicos proibidos de estar nas galerias da Assembleia para acompanhar as votações. O presidente da Assembleia, Ademar Traiano (PSDB), considerava justificada a forte presença policial e as galerias vazias. Segundo ele, o fato de os servidores terem "invadido" a Assembleia em fevereiro era base "mais que suficiente" para uma medida "preventiva". Já o deputado Tadeu Veneri defendia não apenas a abertura da Assembleia para o povo, como também o fim do cordão de isolamento policial. "Dada essa situação, temo por um massacre", advertiu ele a jornalistas.

"A formação tática da polícia era diferente daquela de fevereiro", compara o agente penitenciário Cláudio Franco.

"Era outra formação, os equipamentos eram outros, o efetivo era três vezes maior. O Estado preparou-se para um combate. O termo confronto é extremamente inapropriado. Confronto é quando você tem dois lados que se agridem mutuamente e em condições de igualdade. A maioria dos manifestantes era formada por professoras."

Posicionado na rampa da Assembleia para capturar imagens dos manifestantes, um cinegrafista ironizou: "A polícia tem que ficar pra proteger o povo desses caras que estão aqui dentro".

um massacre "sob a proteção de deus"

"Sob a proteção de Deus, declaro aberta a sessão ordinária desta quarta-feira..."

Com as mesmas palavras que inauguram todos os trabalhos na Assembleia, o presidente da casa, Ademar Traiano, abriu a sessão legislativa de 29 de abril de 2015. Ao abrir o que deveria ser apenas uma sessão ordinária, Traiano abriu os portões do inferno.

A interdição das galerias foi levada tão a ferro e fogo que nem mesmo os assessores parlamentares conseguiram executar seus trabalhos em plenário no início da sessão. Mas o pior ainda estava por vir.

A sessão havia começado há apenas 12 minutos e a palavra estava com o deputado Nereu Moura (PMDB) quando o estouro das primeiras bombas lançadas pela polícia começou a ser ouvido dentro do plenário. Exaltados, os deputados Rasca Rodrigues (PV) e Professor Lemos (PT), em questão de ordem pedida quase simultaneamente, apelaram pela paralisação dos trabalhos legislativos.

"Não somos surdos, senhor presidente", disse Rasca. "É preciso garantir a segurança dos deputados."

"Tem que suspender a sessão, presidente", pediu Lemos.

"Olha o que tá lá fora. A guerra tava (sic) anunciada", interrompeu Rasca.

"É uma carnificina", complementou Lemos.

"Deputado Rasca, a questão da segurança externa não é da presidência da Assembleia", esquivou-se Traiano.

O deputado Nereu Moura desceu da tribuna e, ante questionamento de Traiano sobre se usaria a palavra, respondeu: "Não tem clima de falar".

Lemos voltou a pedir a suspensão da sessão por falta de quórum, uma vez que a maioria dos 45 deputados que confirmaram presença na sessão havia deixado o plenário depois que as bombas começaram a explodir. Traiano informou ter recebido informações vindas do lado externo de que havia um "confronto", mas fora da Assembleia. Ainda segundo ele, não haveria justificativa para suspender a sessão por falta de quórum por motivos regimentais. Ainda havia 18 deputados presentes e, uma vez aberta a sessão, é preciso que o quórum se reduza a cinco para ser suspensa. Traiano, enquanto manuseava um celular, pediu aos deputados que voltassem ao plenário.

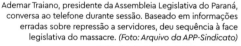

Ademar Traiano, presidente da Assembleia Legislativa do Paraná, conversa ao telefone durante sessão. Baseado em informações erradas sobre repressão a servidores, deu sequência à face legislativa do massacre. *(Foto: Arquivo da APP-Sindicato)*

O presidente da Assembleia ainda acusou Lemos e Rasca, que tiveram o áudio dos microfones cortado pela mesa-diretora, de estarem tumultuando a sessão e de terem insuflado o massacre que se iniciava na Praça Nossa Senhora de Salette. Depois de mais alguns argumentos não captados pelos microfones da Assembleia, Traiano finalmente aceitou suspender a sessão por dez minutos. E só. Durante esse período, muitos deputados deixaram o plenário, alguns deles com a intenção de apaziguar os ânimos. Foi quando o deputado Rasca Rodrigues e o cinegrafista Luiz Carlos de Jesus foram mordidos por cães de ataque da PM na rampa da Assembleia. Os deputados Ney Leprevost e Chico Brasileiro, por sua vez, sentiram os efeitos das bombas de gás lacrimogêneo usadas pela polícia.

Ao reabrir a sessão, Traiano afirmou aos deputados que os episódios ocorriam em um local "bem distante da Assembleia", motivo pelo qual daria continuidade normal à sessão. A palavra foi, então, passada novamente ao deputado Nereu Moura, que imediatamente desmentiu Traiano. "O episódio não é longe da Assembleia, senhor presidente. É aqui dentro desta casa", declarou.

Apesar de não ter havido invasão, a violência começou quando a polícia passou a fazer uso dos recursos coercitivos à sua disposição contra um grupo de servidores indignados que investiu contra as grades externas da Assembleia.

Não demorou, porém, para que o discurso de Nereu Moura fosse interrompido em meio a novos pedidos pela suspensão da sessão. Tanto o líder da oposição, Tadeu Veneri, quanto o líder da bancada do governo, Luiz Cláudio Romanelli, contestaram a rápida retomada do trabalho em plenário, dizendo que era preciso mais tempo para que os deputados de oposição pudessem pelo menos chegar ao caminhão de som para tentar apaziguar a situação, pedir aos servidores que recuassem e ao comando da polícia para que parasse de lançar bombas, cujos estouros reverberavam pelos corredores da Assembleia. Deputados governistas começaram, então, a falar em "confronto" e sobre a presença de supostos *black blocs* entre os servidores. Ademar Traiano interrompeu os deputados para dizer que havia recebido do secretário de Segurança Pública, Fernando Francischini, a versão de que a polícia enfrentava "50 *black blocs* [armados] com pedras", que "os demais [manifestantes] já estão pacificados, sentados lá próximo da prefeitura", e que por isso daria sequência à sessão.

Por presidir a sessão, era prerrogativa de Traiano suspendê-la ou dar sequência a ela. Indiferente às críticas, optou por dar continuidade.

notícia de um massacre

A tensão era muito grande no início da tarde de 29 de abril na Praça Nossa Senhora de Salette. Do Executivo ao Judiciário, passando pelo Legislativo e pelas forças de segurança, todo o aparato do estado do Paraná fora mobilizado para assegurar que o governo tivesse acesso à previdência dos servidores públicos, revoltados com a medida e ao mesmo tempo assustados com o tamanho do contingente policial destacado. Havia mais de 20 mil servidores em volta do cordão de mais de 1.600 policiais estabelecido no perímetro da Assembleia Legislativa. Qualquer faísca teria o potencial de causar uma grande explosão.

Com as galerias vazias, a sessão daquela tarde na Assembleia teve início pouco antes das 15h. Se a reforma no sistema de custeio fosse aprovada pelos deputados, não haveria retorno. E o governo dispunha de uma maioria confortável para aprovar a medida. Diante da iminência de ver a corrosão de suas aposentadorias validada por uma lei ordinária, os servidores inflamaram-se ainda mais com a notícia da abertura da sessão. Alguns deles, posicionados em frente ao cordão policial, forçaram as grades da Assembleia. Os policiais incumbidos de garantir o cumprimento do interdito proibitório reagiram, primeiro tentando afastar os manifestantes com golpes de cassetete. Dentro do contexto, essa reação poderia até ser considerada "normal" se tivesse o objetivo de impedir uma eventual invasão. Mas não houve tentativa de invasão ou de uma nova ocupação. No momento em que a indignação dos servidores materializou-se em pressão sobre as grades da Assembleia, a Polícia Militar, ao invés de impedir uma possível invasão, avançou e deu início a uma das mais brutais ações de que se tem notícia no Brasil pós-ditadura contra servidores públicos em greve.

Daquele momento em diante, e por aproximadamente duas horas, a PM paranaense atirou granadas de efeito moral e balas de aço revestidas por borracha e recorreu a jatos d'água e bombas de gás lacrimogêneo. Um helicóptero da polícia foi usado diretamente na repressão, sobrevoando baixo a Praça Nossa Senhora de Salette para que policiais a bordo descarregassem suas armas contra os servidores. Um segundo helicóptero, identificado pelo prefixo PR-HBZ, também foi visto sobrevoando a região. Esta aeronave, soube-se posteriormente, é de uso pessoal do governador e só levanta voo mediante ordem da governadoria. Não se sabe se Beto Richa esteve a bordo naquele dia, nem é possível assegurar que dela também tenham sido despejadas bombas sobre os manifestantes. A Casa Civil chegou a negar que o helicóptero de uso pessoal do governador tivesse sobrevoado o Centro Cívico na tarde de 29 de abril, mas acabou desmentida por fotografias e filmagens amadoras e profissionais. Os manifestantes até tentavam recuar, fugir, mas a ação da polícia não permitia. Os estrondos e a gritaria pareciam incessantes. Do alto de um caminhão de som, líderes da APP-Sindicato pediam desesperadamente aos manifestantes para que recuassem e imploravam para que a PM interrompesse os ataques. Não se tratava de confronto, mas de uma ofensiva de uma força policial armada até os dentes contra manifestantes indignados, mas pacíficos e desarmados – e, com a ofensiva, amedrontados. "Os professores estão sendo massacrados", denunciou Hermes Leão, de microfone em punho.

"Jogaram servidor contra servidor", lamentava o deputado estadual Professor Lemos, ex-presidente da APP-Sindicato, enquanto observava a repressão.

Foto do avanço da Tropa de Choque contra os servidores em 29 de abril. Quase todos os manifestantes vistos nesta imagem aparecem de costas para a polícia, tentando escapar da violência. *(Foto: Joka Madruga)*

Enquanto a polícia avançava, os feridos procuravam refúgio na prefeitura de Curitiba. "Parece uma praça de guerra", publicou no Twitter o prefeito Gustavo Fruet (PDT). No prédio do Executivo municipal, a menos de 100 metros da Assembleia, servidores foram obrigados a deixar seus postos de trabalho por causa do gás lacrimogêneo. Uma escola de educação infantil vizinha precisou ser esvaziada porque as crianças começaram a passar mal. Mães e pais tentavam retirar os filhos, mas não sabiam para onde correr sem o risco de serem atingidos pelas bombas e balas de borracha.

Até mesmo no interior da Assembleia, quando o barulho das explosões começou a ecoar pelos corredores e chegou ao plenário, a tensão era tanta que os policiais ali aquartelados não tinham nenhum controle da situação. Quando um grupo de deputados e jornalistas saiu à rampa do edifício para tentar observar o que acontecia na praça, policiais tentavam evitar que eles permanecessem ali. Foi naquele momento que dois cães policiais, perceptivelmente excitados pela convulsão e pelo barulho das bombas, atacaram o deputado Rasca Rodrigues (PV) e o cinegrafista Luiz Carlos de Jesus, a serviço da TV Bandeirantes em Curitiba. Rasca foi mordido no braço por um pastor alemão. Jesus teve a perna abocanhada por um pitbull e ficou a apenas três centímetros da morte. Foi essa a distância, segundo médicos que o atenderam, entre os dentes do pitbull e a artéria femoral do cinegrafista.

Além do deputado e do cinegrafista, mais de 200 pessoas ficaram feridas ao longo das cerca de duas horas de repressão. Os gases tóxicos empesteavam toda a região do Centro Cívico. De tantas explosões, os tímpanos pareciam amortecidos. As ambulâncias tinham dificuldade de se aproximar para prestar socorro aos feridos. A maioria das vítimas era composta de manifestantes: 213 pessoas foram atendidas no local, segundo a prefeitura de Curitiba. Os feridos mais graves foram transferidos a hospitais, sendo 36 para o hospital do Cajuru e 7 para o Hospital do Trabalhador. Entre as vítimas, havia idosos, crianças e deficientes. Uma senhora de cabelos brancos que se apoiava nas grades do prédio da Assembleia foi alvejada à queima-roupa por um disparo de bala de borracha no meio das costas enquanto a polícia avançava contra os manifestantes. Outras pessoas foram alvejadas em pontos vitais, muitas delas na cabeça. O professor de geografia Márcio Henrique dos Santos, por exemplo, foi atingido no olho por uma bala de aço revestida por borracha. Por pouco não perdeu a visão. Entre as forças de repressão, 25 soldados intoxicaram-se com o gás lacrimogêneo lançado por seus colegas, segundo o serviço ambulatorial da Assembleia. Somando os 213 civis, os 25 policiais, o deputado Rasca e o cinegrafista Luiz Carlos de Jesus, 240 pessoas foram oficialmente atendidas com algum tipo de ferimento naquele dia. Houve, porém, dezenas de pessoas que se machucaram e não buscaram atendimento. Segundo a Secretaria de Segurança Pública, pelo menos 13 pessoas foram detidas, entre elas um menor de idade.

A violência policial só cessou depois de aproximadamente duas horas, quando o procurador-geral do Ministério Público do Paraná, Gilberto Giacoia, acompanhado pelos promotores Olympio de Sá Sotto Maior e Eliezer Gomes da Silva, telefonou para Eduardo Sciarra para exigir a interrupção da barbárie. No momento do telefonema, Giacoia, Sotto Maior e Gomes da Silva estavam no Centro Cívico e testemunharam a ação desproporcional da polícia. Giacoia convocou Sciarra e dirigentes sindicais à sede do MP e adiantou que seria aberto um inquérito para apurar as responsabilidades.

Dentro da Assembleia, o governo Richa passou a ser denunciado nos mais diversos tons pela oposição. No decorrer da tarde, enquanto deputados governistas falavam na ação de supostos *black blocs*, o deputado Nereu Moura (PMDB) ironizava: "São *black blocs* armados de giz e avental".

"Por que a pressa?", questionou o deputado Anibelli Neto (PMDB). "Porque esse governo quebrou o estado", respondeu ele mesmo.

O também peemedebista Requião Filho foi mais realista: "Nós, como poder, deveríamos nos envergonhar do que aconteceu aqui hoje".

"São trabalhadores organizados fazendo uma mobilização não para conquistar direitos, mas para não perdê-los. O governo não tem diálogo nenhum com o setor público e ainda por cima manda colocar a polícia", disse o deputado federal Enio Verri (PT).

Depois da brutal repressão, Richa concedeu entrevistas a emissoras locais de televisão no Chapéu Pensador, uma espécie de sede alternativa do Executivo paranaense situada bem longe do Centro Cívico. Nas entrevistas, o governador alegou que os policiais apenas cumpriram ordem judicial de "preservação do patrimônio público" e culpou os servidores pela tarde de violência. Na versão defendida pelo governador, aqueles milhares de policiais estavam "com a vida em risco" diante de "dezenas de baderneiros e *black blocs*". Precisavam reagir com força, segundo ele.

Não levaria muito tempo para que a versão do governo fosse desmentida pelas filmagens e fotografias que flagraram os excessos cometidos pela polícia naquela tarde. De dentro do Palácio Iguaçu, como mostrou um vídeo divulgado posteriormente, funcionários do governo vibravam com o avanço da PM para cima dos servidores. Dada a desproporção das forças envolvidas, só a sorte explicava o fato de nenhum civil ter morrido na repressão.

Dentro da Assembleia, enquanto isso, a base governista autorizou a apropriação pelo Executivo dos cerca de R$ 8 bilhões depositados pelos servidores públicos para suas aposentadorias. Foram 31 votos a favor e 20 contra.

Votaram a favor:
- Alexandre Curi (PMDB)
- Alexandre Guimarães (PSC)
- André Bueno (PDT)
- Artagão Jr. (PMDB)
- Bernardo Ribas Carli (PSDB)
- Claudia Pereira (PSC)
- Cobra Repórter (PSC)
- Cristina Silvestri (PPS)
- Dr. Batista (PMN)
- Elio Rusch (DEM)
- Evandro Jr. (PSDB)
- Felipe Francischini (SD)
- Fernando Scanavaca (PDT)
- Francisco Bührer (PSDB)
- Guto Silva (PSC)
- Hussein Bakri (PSC)
- Jonas Guimarães (PMDB)
- Luiz Carlos Martins (PSD)
- Luiz Claudio Romanelli (PMDB)
- Marcio Nunes (PSC)
- Maria Victoria (PP)
- Mauro Moraes (PSDB)
- Missionário Ricardo Arruda (PSC)
- Nelson Justus (DEM)
- Paulo Litro (PSDB)
- Pedro Lupion (DEM)
- Plauto Miró (DEM)
- Schiavinato (PP)
- Tiago Amaral (PSB)
- Tião Medeiros (PTB)
- Wilmar Reichembach (PSC)

Votaram contra:
- Adelino Ribeiro (PSL)
- Ademir Bier (PMDB)
- Anibelli Neto (PMDB)
- Chico Brasileiro (PSD)

- Evandro Araújo (PSC)
- Gilberto Ribeiro (PSB)
- Gilson de Souza (PSC)
- Marcio Pacheco (PPL)
- Marcio Pauliki (PDT)
- Nelson Luersen (PDT)
- Nereu Moura (PMDB)
- Ney Leprevost (PSD)
- Palozi (PSC)
- Pastor Edson Praczyk (PRB)
- Péricles de Mello (PT)
- Professor Lemos (PT)
- Rasca Rodrigues (PV)
- Requião Filho (PMDB)
- Tadeu Veneri (PT)
- Tercílio Turini (PPS)

Não votaram:
- Cantora Mara Lima (PSDB)
- Leonardo Paranhos (PSC)
- Ademar Traiano (PSDB; por ser presidente da Casa, só vota em caso de empate)

Na manhã seguinte ao massacre, 30 de abril, novamente optando pelo Chapéu Pensador em lugar do Palácio Iguaçu, Beto Richa sancionou a lei que oficializou o assalto ao fundo de previdência.

É importante salientar, no entanto, que isso não aconteceu sem que o estado contasse com uma extensa rede de cumplicidade. A Justiça ao autorizar o cerco, a Assembleia ao dar andamento às intenções do Palácio Iguaçu, e a Polícia Militar, em contrariedade aos interesses de seus próprios soldados, estes também servidores públicos, seguiram à risca o desastroso roteiro traçado por Richa com a ajuda do então secretário da Segurança Pública, Fernando Francischini. Se os servidores não aceitavam por bem que uma canetada abrisse o ralo dos recursos destinados a suas aposentadorias, teriam que sentir na pele as consequências daquela resistência. E sentiram.

"O governo não precisava impedir as pessoas de entrarem, ele precisava de uma vingança, com uso da força", resume Tadeu Veneri. "Quando houve o dia 12 de fevereiro, o governador foi totalmente desmoralizado. O presidente da Assembleia também, porque quando ameaçaram subir até o quinto andar, onde estava sendo feita a votação, teve que recuar por não saber quais seriam as consequências. O secretário de Segurança Pública também se desmoralizou naquele episódio da chegada do camburão à Assembleia", avalia ele.

"Havia, portanto, a necessidade da votação e a necessidade de uma resposta à hierarquia militar. O governador liberou suas tropas. Eu diria que ele lavou as mãos. Tanto que ele não estava nem no palácio. Estava a sete quilômetros daqui, claro que sabendo do que se passava", argumenta Veneri.

em assembleia, educadores decidem por continuidade de greve

Massacrados os servidores e com a previdência reformada sob a medida de seus interesses mais imediatos, o Palácio Iguaçu simulou uma abertura de diálogo sobre o reajuste do funcionalismo público vinculado ao Poder Executivo, o que, conforme as leis locais, deveria ter ocorrido automaticamente em 1º de maio, repondo a inflação dos 12 meses anteriores à data-base. O massacre, no entanto, nutriu sentimentos de união e de solidariedade entre os servidores. Naquele momento, os professores da rede estadual continuavam acampados em frente à sede do governo e promoviam acampamentos em todas as 29 cidades do interior paranaense onde a APP-Sindicato mantém núcleos regionais. Integrantes do comando de greve vinham percorrendo as escolas para avaliar a situação do movimento grevista. "Esperávamos uma adesão de aproximadamente 70% quando a greve foi lançada, mas calculamos agora que 85% dos professores e funcionários estão parados no estado. Em Curitiba, a adesão passa com segurança dos 90%", afirmou o professor Luiz Carlos Paixão, integrante do comando de greve da APP-Sindicato. E enquanto os professores protagonizavam a segunda greve de 2015, outros setores do funcionalismo preparavam-se para interromper suas atividades até que a questão do reajuste fosse solucionada.

Antes da retomada das negociações, milhares de professores e servidores voltaram a protestar contra o governo na manhã de 5 de maio, uma terça-feira. Cerca de 25 mil pessoas reuniram-se na Praça 19 de Dezembro, também conhecida como Praça do Homem Nu, e saíram em passeata até a Praça Nossa Senhora de Salette. O governador ganhou dos manifestantes o apelido de "Beto Hitler". Já o espelho d'água em frente ao Palácio Iguaçu foi tingido com tinta vermelha, em alusão ao sangue derramado em 29 de abril. Na reunião com os a direção do sindicato, o governo Richa apresentou três opções de acordo aos servidores: reposição do IPCA (8,17%) em duas parcelas; cumprimento da lei orçamentária (5%) em parcela única; ou cumprimento da lei orçamentária em duas parcelas. O único resultado concreto da reunião foi o agendamento de um novo encontro previsto para as 10h da próxima terça-feira, dia 12. Os professores votaram quase que por unanimidade pela continuidade da paralisação. Ao término da votação, Hermes Leão disse que a greve continuaria pelo menos até a semana seguinte. A expectativa, segundo ele, era de que uma nova assembleia fosse convocada para o dia 12 ou 13, depois que o governo apresentasse uma proposta concreta aos professores e ao funcionalismo.

No início da semana anterior, assim que a greve foi deflagrada, a Justiça paranaense declarara a paralisação abusiva, e o governo ameaçou descontar os dias parados do salário dos professores.

"Pode descontar", desafiou Ismael, professor que saiu de Guaratuba, no litoral paranaense, para participar da assembleia de 5 de maio. "Tem gente dizendo que a APP e a CUT estão politizando o assunto, mas mesmo que estivesse, o que esse governo tem feito com os professores e com o funcionalismo é um desrespeito", desabafou.

O professor Angelo, que leciona história em Colombo, na região metropolitana de Curitiba, levantou seu crachá em favor da continuidade da greve. Questionado sobre como imaginava que o massacre de 29 de abril seria apresentado no currículo de história no futuro, emocionou-se antes de responder: "Vai ser complicado incluir essa questão. Já vai ser difícil ter condições emocionais para voltar à sala de aula. Ainda não consigo imaginar como vai ser tratar desse assunto".

castelo de cartas

Os dias que se seguiram ao Massacre do Centro Cívico serviram para a poeira baixar um pouco e para que a população se recuperasse do choque. A violência policial causou perplexidade mesmo entre partidários do governador. Não tardou para que começassem a aparecer nos vidros dos carros um adesivo em apoio aos professores: "menos bala, mais giz", dizia a mensagem em letras brancas sobre um fundo negro. Também proliferaram pichações pela cidade a favor dos professores e contrárias ao governador.

Beto Richa, por sua vez, desapareceu das redes sociais e manteve-se enclausurado no percurso entre seu luxuoso apartamento e o Chapéu Pensador, longe do Palácio Iguaçu, da sociedade e da imprensa. Era preciso encontrar um culpado. E os primeiros movimentos do governo seguiram na direção de responsabilizar as vítimas. Na segunda-feira, 4 de maio, o secretário de Segurança Pública Fernando Francischini convocou a imprensa para uma entrevista coletiva. No decorrer de sua fala, o secretário falou em "confronto" e disse lamentar a violência "de ambos os lados".

"Não tem justificativa. Nós lamentamos. As imagens são terríveis. Nunca se imaginava que um confronto como esse terminasse de maneira tão lastimável, com as imagens que nós vimos. Nada justifica lesões, vítimas, de ambos os lados", disse ele na ocasião.

Francischini assegurou ainda que o governo estava colaborando com uma investigação aberta pelo Ministério Público logo depois do massacre, mas saiu pela tangente quando questionado sobre os responsáveis pela ação policial. "Só o resultado final do inquérito poderá dizer se houve abuso e de quem", alegou. Aos jornalistas, sustentou que a violência teve início depois que um grupo de manifestantes mais exaltados avançou na direção do cordão policial. O secretário apresentou um vídeo que, segundo ele, seria a prova cabal da infiltração de supostos anarquistas e *black blocs* entre os servidores e que teriam sido eles os provocadores da violência. Sete manifestantes, prosseguiu Francischini, foram identificados como integrantes de "grupos radicais". De acordo com ele, "esses grupos radicais foram o grande estopim desse confronto".

PR-HBZ é o prefixo do helicóptero de uso exclusivo do governador do Paraná. Ele só levanta voo com ordem direta da Casa Civil. A imagem foi registrada pelo fotógrafo Joka Madruga na tarde de 29 de abril, quando a aeronave voou a baixa altitude sobre os manifestantes. Não se sabe se Beto Richa, que estava no Chapéu Pensador, subiu a bordo. O que se sabe é que um helicóptero policial também voou baixo sobre o Centro Cívico naquele dia, quando bombas foram lançadas do alto sobre os manifestantes. *(Foto: Joka Madruga)*

Depois do Massacre do Centro Cívico, líderes sindicais de diversas categorias do funcionalismo público disseram ter notado a presença de algumas pessoas estranhas aos servidores entre os manifestantes, mas não sabiam dizer se seriam realmente grupos adeptos da tática *black bloc* ou se teriam sido infiltrados ali pela polícia para provocar violência. Para esclarecer a dúvida, tanto a Defensoria Pública quanto a seção paranaense da Ordem dos Advogados do Brasil manifestaram-se sobre as prisões. Ambas asseguram não haver nenhum indício que relacionasse os manifestantes detidos a grupos anarquistas ou *black blocs*.

Isso não impediu que o discurso do governo fosse comprado por simpatizantes da "pedagogia do porrete". O agente penitenciário Cláudio Franco contou ter sentido muita vergonha nos dias que se seguiram ao massacre. "Eu sentia vergonha, por não saber o que as pessoas iriam pensar. O governo tinha acusado a gente de ser *black bloc*, baderneiro. Cada um faz seu julgamento, mas teve gente que comprou essa versão", observa ele. "Eu sou presidente da associação de moradores da minha rua, mas meu temor maior era como meus pares iriam me receber. Não queria ser visto com o rosto daquele jeito. Botei um cachecol e saí pro trabalho. Era uma sensação de humilhação, ser agredido da forma que fui, de um jeito que a gente nunca faz com um preso. Mas quando cheguei, meus colegas me aplaudiram. Foi emocionante. Já entre os moradores da minha rua teve muita curiosidade. A parte ruim foi com os presos, que ficavam tirando sarro. Eles diziam: 'viu no que dá ser amigo de polícia?'", afirmou.

Francischini, em sua fala pós-massacre, alegou ter pedido "calma" aos policiais. Teria sido então caso de insubordinação dos policiais? "Nosso poder de negociação com o outro lado era restrito", prosseguiu o secretário.

As imagens apresentadas pelo governo, feitas por agentes policiais infiltrados entre os manifestantes, mostravam jovens com o rosto coberto por lenços, alguns deles usando tampas de panela como escudo, e paus e pedras para atirar na direção dos policiais que avançavam contra a multidão. Em outro trecho, um vídeo mostrava jovens, aparentemente estudantes, manipulando uma mistura líquida. Segundo a Secretaria de Segurança

Pública, tratava-se de "bombas de cal", uma mistura que causa queimaduras quando em contato com a pele humana. Não houve, entretanto, nenhum relato de pessoas feridas por bombas de cal, seja entre os manifestantes ou entre os policiais. O mais provável é que se tratasse – e a própria Secretaria de Segurança Pública admitia essa possibilidade – de uma mistura com bicarbonato de sódio usada para aliviar os efeitos das bombas de gás lacrimogêneo, usadas à exaustão pela PM na tarde de 29 de abril.

Em relação ao ininterrupto bombardeio policial, o então chefe do setor de inteligência da Secretaria de Segurança Pública, Wagner Mesquita, alegou que "as pessoas recuavam, se reagrupavam, diziam palavras de ordem e voltavam para o combate". Na mesma linha de Francischini, esquivou-se da responsabilidade. "Foram várias ondas de ataque. Se foi desnecessário ou não, se foi a quantidade certa ou não, não cabe a mim dizer. Mas as equipes de inteligência viram esses grupos voltando ao combate", insistiu ele.

A argumentação da Secretaria de Segurança Pública, no entanto, caía como um castelo de cartas quando contraposta às imagens registradas por fotógrafos, cinegrafistas e por manifestantes.

Sobre os sete "radicais" detidos, tratava-se de estudantes universitários que protestavam em apoio aos servidores, mais especificamente a seus professores. Descobriu-se, então, que os abusos policiais extrapolaram o massacre. Pelo menos cinco estudantes, um deles menor de idade, chegaram a ser levados coercitivamente pela PM para as dependências da Assembleia Legislativa, mas deputados de oposição intervieram a tempo e exigiram da polícia primeiro que os levasse a uma delegacia, pois a Assembleia não podia ser usada como carceragem, e depois que desse aos detidos o tratamento adequado. Ao mesmo tempo, pelo menos dois estudantes presos como "elementos radicais" foram levados temporariamente pela polícia para dentro do Palácio Iguaçu.

Um estudante afirmou ter sido agredido e preso por policiais à paisana. "Só consegui reconhecer [que eram policiais] depois que eu fui carregado até dentro do Palácio Iguaçu, passando pelo cordão de policiais que estavam em volta. Eu fui carregado pelo pescoço. Chegando lá a gente foi ofendido diversas vezes. A gente tentava o tempo todo descobrir por que estava sendo detido", afirmou o estudante, em entrevista à emissora de televisão RPC.

"Me deixaram nua e me revistaram assim, não colocaram a mão em mim, mas fizeram eu ficar totalmente nua, de mão pra parede e me xingando, me insultando", afirmou também à RPC uma estudante universitária de Londrina presa junto com o rapaz e que pediu para não ser identificada. Ela afirmou ter sido levada para o Palácio Iguaçu, onde foi chamada pelos policiais de "vagabunda", "comunista" e "petista".

Os dois estudantes em questão denunciaram os supostos abusos ao Ministério Público.

"Qualquer conduta indevida dos policiais, ocorrida durante a ação no dia 29 de abril, será apurada em inquérito policial, com o acompanhamento do Ministério Público do Paraná", alegou o governo na ocasião.

cai a máscara

O governador Beto Richa finalmente tinha conseguido o que queria. Mas a um custo muito mais elevado do que o planejado. Caíra a máscara do político cordial e aberto ao diálogo. Na tentativa de encontrar uma justificativa para a repressão, incapaz de reconhecer a impopularidade das medidas que levaram aos protestos dos servidores, tentou de todas as maneiras transferir a terceiros a responsabilidade pelo massacre. E a hesitação no momento de admitir os próprios erros desencadeou uma crise no alto escalão do governo. A operação política de blindagem do governador foi explícita.

Imediatamente após o massacre, Beto Richa acusou os manifestantes pela violência e eximiu a polícia de culpa. Em uma das ações de relações públicas mais desastradas da história recente do Brasil – e a concorrência neste quesito é bastante acirrada –, Beto Richa demorou nove dias para voltar a se pronunciar publicamente sobre o ocorrido, talvez na esperança de que a versão oficial prevalecesse ou de que as cenas de violência e repressão fossem rapidamente esquecidas. E, quando reapareceu, o governador colocou-se na condição de vítima. Mas muita coisa aconteceu antes de Richa voltar a se manifestar sobre o assunto.

O massacre ocorreu em 29 de abril de 2015, mas a ofensiva do governo persistiu pelos meses seguintes. *(Foto: Joka Madruga)*

Logo depois da repressão, em uma aparente tentativa de validar retroativamente a brutalidade contra os servidores, Richa baixou decreto regulamentando o uso de balas de aço revestidas por borracha, spray de pimenta e gás lacrimogêneo para o controle de multidões. Semanas depois, uma reportagem de Gibran Mendes no portal da CUT revelaria a origem de grande parte do arsenal despejado sobre os servidores: em maio de 2014, nos preparativos para a Copa do Mundo, o governo paranaense gastou R$ 6,3 milhões em "munições e artigos de baixa letalidade" comprados da Condor S/A Indústria Química sem licitação, por suposta falta de concorrência.

Os primeiros a colocarem a cara a tapa foram os subordinados do governador. O secretário de Segurança Pública, Fernando Francischini, primeiro tentou provar por A + B a existência *black blocs* e "elementos radicais" infiltrados entre os servidores. A culpa, portanto, não seria mais dos servidores, mas dos *black blocs*. Até mesmo filmagens de estudantes manipulando uma misteriosa substância em garrafas plásticas perto da Assembleia foram divulgadas pelo governo à imprensa. As "bombas de cal" mostradas por Francischini nada mais eram que a mistura à base de bicarbonato de sódio que a partir de junho de 2013 popularizou-se como eficaz para anular os efeitos do gás lacrimogêneo

Desarticulada a linha inicial de defesa do governo, que tentava culpar supostos *black blocs* e "elementos radicais" pelo início da violência, o Palácio Iguaçu deu início a uma troca de acusações na hierarquia do poder paranaense, tentando se eximir da responsabilidade.

O caso, em princípio, era da alçada da Secretaria de Segurança Pública. Francischini, o secretário, respondia diretamente a Richa, mas achou melhor passar a batata quente para as mãos do coronel César Vinícius Kogut, comandante da PM. Na versão de Francischini, a Secretaria de Segurança teria responsabilidade meramente "administrativa" pela operação; a responsabilidade "operacional" pertenceria ao comando da PM. "O controle de uma operação de campo é da polícia. A secretaria é responsável por fazer a gestão da pasta. Isso é tentar politizar a questão", esquivou-se Francischini, como se sua presença no secretariado de Richa fosse meramente técnica, e não política. "Não tem justificativa", prosseguiu Francischini. "As imagens são terríveis. Nunca se imaginava que um confronto como esse terminasse de maneira tão lastimável, com as imagens que nós vimos. Nada justifica lesões, vítimas, de ambos os lados", disse.

Indignados com o comportamento do secretário, 16 coronéis da Polícia Militar enviaram carta a Richa na qual repudiaram publicamente as declarações de Francischini, comportamento raro em se tratando de cúpulas militares.

Em meio ao salve-se quem puder, aumentava a pressão da base governista para que Richa rifasse os secretários de Educação e Segurança Pública antes que a situação se agravasse ainda mais. Na avaliação de fontes dentro do próprio Palácio Iguaçu, tanto Xavier quanto Francischini eram pouco afeitos ao diálogo. Os governistas poupavam Richa e atribuíam à intransigência dos dois secretários o acirramento da tensão com os servidores. Era preciso acalmar os ânimos e entregar os anéis para não perder os dedos, avaliavam aliados próximos do governador. Dessa forma, em uma tentativa de tornar a situação menos constrangedora para o chefe, os secretários acabaram induzidos a apresentar renúncia.

Fernando Xavier foi o primeiro a pedir para sair. Entregou sua carta de demissão em 6 de maio e ficou livre para se dedicar a seus interesses privados, longe dos holofotes proporcionados pela posição no governo. Sua substituta já estava escolhida. Tratava-se de Ana Seres Comin. Com formação em matemática pela Pontifícia Universidade Católica do Paraná (PUC-PR), Ana Seres foi professora do estado por mais de 40 anos e ocupava cargo de superintendência na Secretaria de Educação antes de ser alçada a chefe da pasta.

No dia seguinte, explicitamente indignado com o comportamento de Francischini, o coronel César Kogut afastou-se do comando da PM. Ao pedir afastamento, Kogut saiu atirando. Em carta enviada ao governador, Kogut alegou "dificuldades insuperáveis" no relacionamento com a Secretaria Estadual da Segurança Pública (Sesp).

Pronto para qualquer coisa, policial militar paranaense circula com a mão na coronha de sua arma no meio dos manifestantes. *(Foto: Joka Madruga)*

Depois, em entrevista, Kogut deixou claro que Francischini conhecia tanto o porte quanto o plano da operação e não podia se eximir de culpa. "O secretário conhecia e participou de tudo", assegurou o coronel. O coronel alegou que a responsabilidade legal pela coordenação operacional da PM pertence ao secretário da Segurança. "Legalmente, a coordenação operacional pertence à Secretaria de Segurança Pública", disse. Kogut defendeu o governador e atribuiu aos servidores o início da violência. "Os manifestantes avançaram primeiro", afirmou. A PM, segundo ele, teria apenas reagido. Sobre os excessos cometidos pelas forças de segurança, afirmou que as responsabilidades deveriam ser apuradas pelo Ministério Público e pela PM, por meio de inquérito militar. Na ocasião, ele disse ainda que a ordem para o uso de balas de borracha partiu dos coronéis Nerino Mariano de Brito e Arildo Luís Dias. O coronel Nerino fora exonerado antes do afastamento de Kogut. Francischini caiu na mesma semana, sucedido interinamente por Wágner Mesquita, delegado da Polícia Federal e até então responsável pelo setor de inteligência da polícia paranaense.

"Peço exoneração de minha função, convicto de que as ações até agora tomadas se deram a favor do interesse público. Dentro da legalidade, em garantia da ordem pública", escreveu Francischini na carta de renúncia, que permitiria a ele regressar a Brasília e reocupar sua posição na Bancada da Bala, na Câmara dos Deputados. "Finalizo assumindo novamente e publicamente todas as minhas responsabilidades, na atuação policial nas últimas operações, apoiando o trabalho da tropa. No entanto, ressalto que, mesmo com as reações adversas, continuo defendendo uma apuração rigorosa tanto da polícia quanto do Ministério Público para que ao final a verdade prevaleça."

No meio do tiroteio, a esposa de Francischini, Flávia, recorreu às redes sociais em uma interessante e reveladora tentativa de defender o marido, aquele que fez campanha dizendo que coragem tem nome e sobrenome. "Um bom político trabalha e age por si só, não depende de homens sujos, covardes, que não honram as calças que vestem e precisam agir sempre em grupo, ou melhor, quadrilha", escreveu ela no Facebook. A mensagem foi apagada na sequência, mas circulou o suficiente para não cair no esquecimento.

Com a saída de Francischini, Xavier e Kogut, não havia mais ninguém para dar a cara a tapa pelo governador. Chegara a hora de Richa, conhecido pela dificuldade em falar de improviso à imprensa, retornar à cena. O governador rompeu o silêncio depois de nove dias sem ao menos aparecer no Palácio Iguaçu, preferindo ficar no Chapéu Pensador, mais próximo de seu apartamento, no elegante bairro do Mossunguê. Demitido Francischini, o governador voltou às redes sociais e concedeu entrevistas aos principais canais de televisão e veículos de comunicação de Curitiba e de outras partes do Brasil. Nove dias pareciam tempo mais do que o suficiente para que Richa treinasse as respostas. Nas entrevistas, ele repetia, entre outras coisas, versões que não coincidiam com os fatos nem com os testemunhos de quem estava lá. Alegou ao jornalista Fernando Rodrigues, do portal UOL, que os policiais ficaram "parados", que não foram para cima dos servidores. As imagens, no entanto, desmentiam o governador. Ainda na versão de Richa, "os manifestantes queriam um cadáver" e os policiais reagiram apenas como recurso de autodefesa, para preservar a própria integridade física. Na entrevista a Rogério Waldrigues Galindo, do jornal *Gazeta do Povo*, o governador insistiu na versão de que haveria pessoas infiltradas nas manifestações, disse que não haveria motivo para a greve dos professores e no fim deixou "uma palavra de desculpas" às vítimas. A certa altura, porém, ao ser questionado sobre se tinha algum arrependimento quanto à maneira como conduziu a situação, o governador resolveu, como já havia feito em outras situações, colocar-se na condição de vítima.

"Orientei o tempo todo o comando, o secretário que avisasse aos policiais, orientasse que tivessem calma, serenidade, tolerância, que evitassem de toda forma o confronto, a agressão. Ninguém deseja qualquer pessoa agredida, qualquer pessoa ferida. Posso garantir que não tem ninguém mais machucado do que eu. Falo com muita franqueza e com muita sinceridade. Eu sofro na alma, fui atingido na alma pelo que está acontecendo. O mais machucado de tudo isso fui eu."

abertura ao diálogo

Se conversar com Fernando Xavier era difícil, Ana Seres Comin logo de cara revelou um perfil bem diferente daquele de seu antecessor. Apenas um dia depois de nomeada, ela recebeu representantes da APP-Sindicato e do Fórum das Entidades Sindicais e comprometeu-se a apresentar o mais rapidamente possível uma nova proposta de reajuste salarial aos professores com o objetivo de pôr fim à segunda greve da categoria em menos de dois meses.

Desde o dia 5, quando os professores decidiram pela continuidade da greve, a expectativa era de que uma nova assembleia não ocorreria antes do meio da semana seguinte, já que servidores e governo haviam marcado um novo encontro para a manhã do dia 12. A reunião em questão continuava em pé, mas Ana Seres comprometera-se a apresentar as condições dos professores à Casa Civil e à Secretaria de Administração naquele mesmo dia e preparar uma nova proposta para a categoria "o mais rápido possível".

Os professores exigiam 13,01% de reajuste para todas as faixas salariais da categoria e também para os funcionários de escola. O objetivo principal do índice era cobrir a defasagem do magistério do Paraná em relação ao piso nacional dos professores.

Ana Seres também assumiu, em nome de Beto Richa, o compromisso de não lançar as faltas dos professores em greve. Desde o início da segunda paralisação, representantes de Richa vinham afirmando que os dias parados seriam descontados.

A mudança de postura do governo Richa parecia ser um indicador do desgaste autoimposto pelo massacre da semana anterior. Fernando Xavier já tinha caído, o coronel César Kogut oficializaria naquele mesmo dia seu afastamento e Fernando Francischini renunciaria no dia seguinte a suas funções como secretário da Segurança Pública. "Se formos analisar criteriosamente, o Fernando Xavier era quem menos tinha culpa pela situação", avaliou na ocasião o professor Luiz Carlos Paixão, integrante do comando de greve da APP-Sindicato. A análise de Paixão era bem diferente da manifestada por pessoas de dentro do governo. "Ele assumiu a Educação há poucos meses para lidar com uma situação que já estava posta e com a incumbência de cortar gastos", prosseguiu o professor Paixão. "O Francischini, o comando da PM e a Casa Civil são muito mais responsáveis por toda essa situação do que o Xavier", concluiu.

De qualquer modo, a relação entre os professores e a nova secretária da Educação já começava em um tom bastante diferente do observado nos meses anteriores. "É claro que se trata de uma situação de crise e que exige uma solução, mas parece um bom sinal. Além disso, ela é professora aposentada e conhece o assunto, diferentemente do Fernando Xavier, que não era da área", avaliou Nádia Brixner, da APP-Sindicato.

A nova secretária de Educação realmente mostrava-se mais aberta ao diálogo, mas o chefe dela tinha planos de impor perdas ainda maiores aos servidores públicos do Executivo, e os professores representavam de longe a maior parcela desse grupo. E aquilo que inicialmente se mostrou como um diálogo promissor rapidamente ganhou ares de um novo impasse.

a intransigência do governo

Quando os dois Fernandos, Xavier e Francischini, renunciaram a seus postos no governo, integrantes da base governista buscaram passar a impressão de que todos os problemas do Paraná estavam prestes a ser resolvidos. Mas eles evitavam falar de um outro secretário, o da Fazenda. Mauro Ricardo Costa chefiava a pasta havia apenas quatro meses e era chamado maliciosamente, mesmo entre os aliados do governador, de Maurinho Malvadeza. Afinal, era atribuída a ele não apenas a autoria intelectual do tarifaço do fim de 2014, como também a do pacotaço do início de 2015 e do ataque do governo à previdência dos servidores. Ao convidá-lo, Beto Richa deu ao secretário da Fazenda carta branca para sanear as finanças dilapidadas no decorrer de seu primeiro mandato.

Natural de Niterói, Mauro Ricardo Costa tem uma extensa ficha de serviços prestados a governos tucanos. Funcionário de carreira da Receita Federal, foi alçado a presidente da Fundação Nacional de Saúde no segundo mandato de Fernando Henrique Cardoso (1999-2002). Depois, sob o governo estadual de Aécio Neves, presidiu a Companhia de Saneamento de Minas Gerais (Copasa) entre 2003 e 2004. Anos mais tarde serviria a outro cacique tucano, José Serra, na condição de secretário estadual da Fazenda de São Paulo. Também foi secretário das Finanças de aliados tucanos como Gilberto Kassab, na prefeitura paulistana, e ACM Neto, na administração de Salvador.

Não se pode, entretanto, acusar Mauro Ricardo de ter provocado a crise nos cofres paranaenses. As medidas por ele sugeridas foram recomendadas depois de uma análise das contas do estado pedida pelo próprio governador. E, na avaliação do secretário, o momento exigia medidas drásticas para evitar o colapso financeiro do Paraná. Quem quer que tivesse vencido as eleições de 2014 no estado estaria diante de uma situação próxima da insolvência. Pode-se até contestar o remédio sugerido, mas não o diagnóstico. Antes de assumir o cargo de secretário da Fazenda, Mauro Ricardo apontou claramente em diversas entrevistas que o governo vinha gastando além da conta, apesar do aumento exponencial da arrecadação nos anos anteriores.

Internamente, além de Mauro Ricardo, o grupo mais resistente a um acordo com os servidores era o clã da vice-governadora Cida Borghetti, esposa do deputado federal Ricardo Barros, cunhada do secretário de Planejamento Silvio Barros, mãe da deputada estadual Maria Victoria e irmã do empresário Juliano Borghetti, denunciado em um esquema de desvios milionários de recursos destinados à construção de escolas. Causou desconforto entre os governistas, segundo fonte graduada da base governista na Assembleia, a ambiguidade do clã político maringaense. Se internamente seus integrantes defendiam que não houvesse reajuste salarial aos professores e servidores do Executivo em 2015, ao público eles diziam estar trabalhando pelo reajuste. "Qualquer que seja o índice de reajuste, vamos gastar um dinheirão e eles vão continuar nossos inimigos", teria argumentado a vice-governadora na versão da fonte, que esteve presente na maior parte das rodadas de negociações entre governo e servidores.

Portanto, por mais que Ana Seres se esforçasse para solucionar a crise por ela herdada na educação, qualquer proposta financeira dependeria do aval de outras instâncias, o que a deixava de mãos atadas. As reivindicações dos professores foram levadas adiante, mas a resposta do governo demorou a vir. E, quando veio, serviu apenas para aumentar ainda mais a indignação dos servidores com a intransigência de Beto Richa.

Marlei Fernandes, coordenadora do Fórum das Entidades Sindicais e secretária das Finanças da APP-Sindicato: "Nós confiamos na nossa luta". *(Foto: Joka Madruga)*

No início da segunda quinzena de maio, a revolta estava prestes a se transformar em greve geral. A não ser que ocorresse um improvável recuo do governo nos dias seguintes, servidores de mais de 20 categorias pretendiam parar em 19 de maio para se juntar aos professores das escolas públicas e das sete universidades paranaenses em uma das maiores mobilizações de massa da história do estado.

Beto Richa anunciou em 14 de maio que apresentaria para votação na Assembleia Legislativa uma proposta de reajuste de apenas 5% para os servidores, bem abaixo do IPCA. Índice usado como parâmetro para a Lei da Data-Base, o IPCA fechou maio de 2015 em 8,17%. Para piorar, Richa informou que o reajuste seria pago em duas parcelas, deixou o pagamento das parcelas sem prazo definido, sujeito às condições financeiras dos combalidos cofres públicos, declarou encerradas as negociações com os servidores e ameaçou punir os que se rebelassem.

No dia seguinte, enquanto representantes dos 29 núcleos e do comando de greve da APP-Sindicato reuniam-se em Curitiba para estabelecer a estratégia de mobilização para os dias seguintes, a coordenação do FES, que abrange 21 categorias do funcionalismo público estadual, preparava-se para cumprir a ameaça de paralisação geral caso Richa descumprisse a chamada Lei da Data-Base, que obriga o governo a repor anualmente, sempre em maio, as perdas para a inflação nos 12 meses anteriores.

O clima entre os servidores, que já era de insatisfação e desconfiança, transformava-se uma vez mais em revolta e indignação depois do anúncio do governo. Reunidos na sede da APP em Curitiba, representantes da entidade avaliaram ser impossível encerrar a greve.

"Depois do anúncio de ontem, como diz a molecada por aí, 'ferveu'. A indignação é geral", declarou a coordenadora do FES e secretária de Finanças da APP-Sindicato, Marlei Fernandes.

Enquanto isso, o governo Richa fez publicar em 15 de maio edital para convocar um número não definido de professores temporários para que as aulas pudessem ser retomadas nas escolas do estado. Somadas as duas paralisações dos professores, a categoria já havia passado àquela altura quase 50 dias parada em 2015.

"O Richa vai então convocar 60 mil, 70 mil professores temporários? Com que dinheiro?", questionou Luiz Fernando Rodrigues. "Isso é blefe. O governo não tem dinheiro pra conceder reajuste e tem dinheiro para pagar professor temporário?", prosseguiu. Marlei, por sua vez, qualificou o edital como "afronta".

De fato, a conta não fechava. A rede estadual de ensino do Paraná empregava em 2015 entre 60 mil e 70 mil professores. Como a adesão à greve era de quase 100%, o governo consequentemente precisaria convocar entre 60 mil e 70 mil professores. O gasto mensal com a medida seria superior a R$ 100 milhões, mais do que seria desembolsado se o governo concedesse a reposição do IPCA a todo o funcionalismo vinculado ao Poder Executivo.

"Isso é um desrespeito. Quando os servidores comparam com o salário do governador, dos próprios deputados, dos juízes, dos desembargadores, dos secretários de Estado, de todos os cargos de confiança do governo, percebem que todos esses tiveram revisão automática em janeiro bem acima da inflação", criticou o deputado estadual Professor Lemos. "O governador do Paraná teve reajuste de 14,6% em janeiro", lembrou Lemos. "Ele (Richa) recebe salário mais alto entre todos os governadores do Brasil, cerca de R$ 33 mil por mês, mais do que ganha a presidenta da República."

Com a volta às aulas cada vez mais distante, a crise entre governo e professores começava a dar sinais de que não haveria calendário suficiente para que o ano letivo pudesse ser encerrado ainda em 2015.

escândalos de corrupção complicam governador

A crise financeira do estado e as greves do funcionalismo público abalavam havia meses a popularidade e a credibilidade de Beto Richa, mas não eram os únicos problemas capazes de tirar o sono do governador. Uma série de denúncias de que ele teria usado recursos irregulares durante sua campanha à reeleição em 2014 mobilizou a bancada de oposição ao governo na Assembleia Legislativa durante a segunda quinzena de maio. Ao mesmo tempo em que retomavam a coleta de assinaturas para a abertura de uma CPI para apurar crimes na Receita Estadual, os deputados de oposição protocolaram em 18 de maio uma representação no Ministério Público Federal (MPF) para pedir a instauração de inquérito pela Polícia Federal com o objetivo de apurar crimes eleitorais supostamente cometidos na prestação de contas da campanha do tucano em 2014. As denúncias de "caixa dois" na campanha vinham da Operação Publicano, do Ministério Público do Paraná, que desbaratou um esquema de sonegação de impostos e pagamento de propinas envolvendo dezenas de fiscais e auditores da Receita Estadual do Paraná na região de Londrina. Um dos investigados no caso era Márcio Albuquerque Lima, copiloto do governador Beto Richa em corridas de automóvel.

Paralelamente, outra investigação do Gaeco batizada Operação Voldemort, alusão ao personagem da saga infanto-juvenil Harry Potter, fechava o cerco em torno de Luiz Abi Antoun, primo de Beto Richa que apenas um dia antes de ser preso participou alegremente de um protesto contra denúncias de corrupção nos governos do presidente Luiz Inácio Lula da Silva e da presidenta Dilma Rousseff. Na época, o título de uma matéria sobre o assunto na *Folha de S. Paulo* caracterizava Luiz Abi como "suposto primo" do governador paranaense, deixando clara a blindagem midiática a escândalos envolvendo tucanos de alta plumagem

De volta às denúncias de caixa dois, o auditor Luiz Antônio de Souza afirmou em depoimento de delação premiada que a campanha do governador havia recebido aproximadamente R$ 4,3 milhões irregulares. Souza também revelou a existência de uma meta de arrecadação de R$ 2 milhões – superada pelos auditores – e de uma casa para onde seria levado o dinheiro ilícito antes de ser remetido a Curitiba.

Ao falar sobre o assunto antes da sessão daquela segunda-feira na Assembleia, o presidente da casa, Ademar Traiano, desqualificou o acusador, então preso por participação no esquema de fraude na Receita e investigado por suspeita de envolvimento em uma rede de prostituição infantil no norte do Paraná. "O TRE já aprovou as contas do governador. Não podemos dar guarida a uma manifestação de alguém que é pedófilo, que está preso e usa como argumento uma mentira para tentar se autoproteger, reduzir a sua pena", declarou.

Aquela não era, entretanto, a primeira vez que a lisura das contas de campanha do tucano à reeleição era questionada. Em 2014, ao apresentar a primeira prestação parcial de contas de sua campanha, em setembro, o PSDB apresentou "zerados" os números referentes aos gastos e à arrecadação, sendo que a campanha já estava na rua, lembrou o deputado Requião Filho, então vice-líder da oposição. "Tentaram impugnar minha campanha por causa de uma despesa de 27 reais no interior e no fim aprovaram as contas do Richa mesmo com ele tendo apresentado arrecadação e despesas zerados na primeira parcial", comparou. "Precisamos lembrar que o governador Beto Richa será investigado pela segunda vez por uso de caixa dois" de campanha, prosseguiu Requião Filho. Em fevereiro de 2016, o STJ autorizou a abertura de inquérito para investigar Beto Richa pelas suspeitas referentes à formação de caixa dois de campanha.

Se ficar comprovado que ele utilizou recursos não contabilizados em sua campanha, o governador irá responder por denúncia de crime eleitoral no Superior Tribunal de Justiça (STJ), "longe das pressões do Paraná", prosseguiu Requião Filho. Apesar do comentário, o peemedebista negou que falava sobre um suposto aparelhamento da Justiça paranaense. "Não posso dizer a você que esteja aparelhado. O que me parece é que existe uma grande boa vontade."

Por se tratar de um governador no exercício do mandato, Beto Richa dispunha de foro privilegiado e precisava ser denunciado ao STJ pela Procuradoria Geral da República (PGR).

Paralelamente, a oposição aproveitou para retomar a coleta de assinaturas para a abertura de uma CPI sobre a Receita, mas não conseguiu chegar ao apoio mínimo de 18 deputados. "É incrível que eles [os governistas] aceitem servir de bucha de canhão de um governador com 80% de rejeição, especialmente os mais novos, em primeiro mandato", disse Requião Filho.

Questionado sobre a situação, o tucano Traiano limitou-se a dizer que "isso faz parte do jogo democrático".

greve geral

Diante da iminência de prejuízos salariais, servidores da saúde, agentes penitenciários, bombeiros, funcionários da Justiça e diversas outras categorias uniram-se em 19 de maio aos educadores das escolas públicas e das universidades estaduais, que protagonizavam naquele momento a segunda paralisação de 2015. Somadas todas as categorias paradas, mais de 150 mil servidores aderiram à greve geral por tempo indeterminado, dos quais cerca de 100 mil eram professores ou funcionários de escolas. Dentro da Assembleia, enquanto isso, a base de apoio a Richa começava a dar sinais de desgaste.

    Servidores de Curitiba e de dezenas de cidades do interior do estado reuniram-se durante a manhã de 19 de maio nas praças Rui Barbosa e Santos Andrade, ambas na região central da capital paranaense, e protagonizaram uma marcha pacífica até a região do Centro Cívico. Numa clara demonstração de que o massacre de 29 de abril poderia ter sido evitado, a manifestação reuniu cerca de 30 mil pessoas em seu auge, por volta do meiodia, mas o policiamento limitou-se a acompanhar a marcha e organizar o trânsito. Consequentemente, o protesto foi pacífico. Não houve nenhum incidente no trajeto.

Em assembleia, educadores decidem por continuidade de greve. Professores e funcionários de escolas seguem em passeata até o Centro Cívico. *(Foto: Joka Madruga)*

No fim da manhã, representantes do Fórum das Entidades Sindicais e da APP-Sindicato foram chamados para uma reunião com representantes do governo, entre eles o secretário da Casa Civil, Eduardo Sciarra, e o secretário das Finanças, Mauro Ricardo Costa. "Nossos representantes foram para o encontro pensando se tratar de uma negociação, mas logo de cara avisaram a eles que não haveria negociação nenhuma", lamentou na ocasião o secretário de Comunicação da APP-Sindicato, Luiz Fernando Rodrigues.

Assessores da APP chegaram a apresentar um estudo segundo o qual o governo teria condições de arcar com a reposição da inflação no período de 12 meses encerrado em maio de 2015, calculada em 8,17% (o governo teria oferecido informalmente uma parcela de 2,5% à vista e uma segunda parcela de 2,5% sem prazo definido), mas o secretário Sciarra foi enfático ao dizer que o governo aceitaria negociar somente se as categorias em greve voltassem ao trabalho. "Depois disso não houve condição nenhuma de se discutir nada", lamentou o deputado estadual Professor Lemos.

Na opinião de Luiz Fernando Rodrigues, em nenhum momento se tratou de um problema financeiro. "Essa posição (5% de reajuste parcelado em duas vezes) é uma opção política do governo", concluiu.

Quando a reunião chamada pelo governo terminou, dirigentes do FES e da APP dirigiram-se a um caminhão de som em frente à Assembleia e comunicaram aos servidores reunidos no Centro Cívico que o governo mantinha-se intransigente. Os servidores primeiro reagiram com vaias e depois entoaram gritos de "a greve continua". A bancada do PSC, alicerce da base de apoio do tucano Richa na Assembleia, reuniu-se pela manhã e decidiu que não apoiaria nenhuma proposta de reajuste inferior aos 8,17% que reporiam a defasagem para a inflação. O petista Péricles de Souza observou ainda que, mesmo que o governo propusesse os 5% parcelados, a oposição poderia emendar o projeto com um índice mais elevado se o racha na base governista se confirmasse. Para complicar ainda mais a situação de Richa, ele não poderia legislar por decreto sobre esse tema, confirmou o deputado Luiz Cláudio Romanelli, líder do governo na Assembleia. De qualquer maneira, ainda não havia naquele momento projeto a ser votado. "O governo quer que a greve continue", provocou o deputado Requião Filho, da ala oposicionista do PMDB. "Na cabeça deles, isso vai fazer os pais virarem de lado", prosseguiu.

Somadas, as duas greves dos professores havia resultado até aquele momento 51 dias sem aulas. No início de maio, um adesivo apócrifo com a inscrição "menos greve, mais aula" chegou a ser distribuído em esquinas de Curitiba, mas teve pouca aceitação entre os motoristas. Prevalecia nos vidros dos carros o adesivo "menos bala, mais giz", distribuído pela APP depois do massacre de 29 de abril.

Na passeata de 19 de maio, pais e alunos marcharam lado a lado com seus mestres. Entre os servidores em geral, a interpretação era de que a intransigência do governo inviabilizava o fim da greve, que naquele dia passara a reunir dezenas de categorias do funcionalismo e não tinha prazo para terminar.

A APP-Sindicato, enquanto isso, orientava os dirigentes dos núcleos no interior do estado a voltarem para suas cidades no fim de semana e pressionarem os deputados de cada região.

Na capital, a entidade montou um segundo acampamento, este em frente à Secretaria das Finanças. "Vamos pressionar quem realmente manda neste governo, que é o Mauro Ricardo Costa, secretário das Finanças", resumiu Luiz Fernando Rodrigues.

Depois de aproximadamente uma semana, a pressão provocada pela greve geral dos servidores aliada a um ensaio de rebelião da base aliada do governo na Assembleia Legislativa levou o governador Beto Richa a recuar. Em uma reunião no dia 26 de maio em Curitiba, deputados da base aliada levaram ao secretário-chefe da Casa Civil, Eduardo Sciarra, duas propostas para reajustar os salários dos servidores sem que houvesse perdas para a inflação. Naquele momento não havia detalhes claros sobre as propostas, mas integrantes da base do governo asseguravam que ambas de alguma maneira cobririam o reajuste mínimo exigido pelos servidores. Outra reunião entre integrantes do governo e deputados da base governista na Assembleia ocorreria à noite no Palácio Iguaçu para definir os detalhes da proposta a ser enviada ao Legislativo.

"Queremos ver os textos das duas propostas", insistiu Arnaldo Vicente, diretor da APP-Sindicato, que acompanhou no início daquela tarde uma sessão da Comissão de Constituição e Justiça da Assembleia.

Até a semana anterior, Richa insistia que não dispunha de recursos para pagar mais do que 5% de reajuste em duas parcelas, uma à vista e outra sem prazo determinado. As propostas de sua base aliada, por sua vez, contemplariam a reposição das perdas da inflação, confirmou o deputado Luiz Claudio Romanelli. Ele disse que não entraria em detalhes naquele momento, pois estes seriam definidos em reunião marcada para a noite. "Mas não há perda para o servidor", assegurou.

A proposta veio à tona no 30º dia da segunda greve. O governo se comprometeria a pagar, ainda em 2015, 3,45% de reajuste em três parcelas de 1,15% cada e, "se houver condições", antecipar de maio para janeiro de 2016 a data-base dos servidores e reajustar os salários em 8,5%. Os servidores exigem 8,17% de reajuste em parcela única ainda em maio. As categorias em greve rejeitaram a proposta, qualificada por Richa como "irrecusável", e mantiveram as paralisações. O governador até tentou levar a proposta adiante, mas sua base aliada sepultou a ideia.

O governo alegava que, se atendesse à reivindicação dos servidores, ultrapassaria o limite de gastos com pessoal estabelecido pela Lei de Responsabilidade Fiscal (LRF). No entanto, um relatório elaborado pelo economista Cid Cordeiro a pedido da APP derrubou com números o argumento do governo. A LRF estabelece que os estados não podem comprometer mais de 49% da receita corrente líquida com pessoal e estabelece em 46,55% o chamado limite prudencial. Segundo o cálculo de Cid Cordeiro, no entanto, o Paraná havia utilizado, em 2015, 45,97% do que arrecadou para cobrir as despesas com folha de servidores ativos, inativos e pensionistas. Além disso, o limite prudencial não pode ser aplicado ao reajuste da data-base dos servidores. "Mesmo que a legislação não permitisse que a reposição da inflação fosse deixada fora desse cálculo, o relatório de Cordeiro demonstra que o estado tem, sim, condições de aplicar a reposição de 8,17% nos salários dos(as) servidores(as). E mais: em uma única parcela e este mês. Não o faz por outras razões", denunciou a APP por meio de nota.

O diagnóstico de caos financeiro nas costas do Paraná apontado pelo próprio secretário da Fazenda, Mauro Ricardo Costa, induziu tanto a oposição quanto os servidores a entenderem num primeiro momento que não havia espaço para ofertas muito melhores do que as que estavam em discussão. Quando calculou as projeções de aumento das receitas e cortes nas despesas decorrentes das medidas promovidas pelo governo, o economista Cid Cordeiro percebeu a existência de uma alta probabilidade de que o governo obteria, no decorrer do ano, disponibilidade em caixa para conceder os 8,17% reivindicados pelos servidores.

Numa reunião com Mauro Ricardo, Cid Cordeiro chegou a alertar para essa probabilidade, uma vez que as projeções do governo principalmente para o aumento de arrecadação eram demasiadamente conservadoras. "O governo olhou para o passado e para o presente, mas não olhou para o futuro", disse. E suas projeções mostraram-se corretas. O cenário proposto por Cid concretizou-se. O governo fecharia 2015 com um aumento da arrecadação realmente bem maior do que o projetado e em grau suficiente para repor os 8,17%. Mas nada disso entraria na conta do reajuste que viria ser aprovado.

Ao mesmo tempo em que os professores e servidores mantinham cautela e enfatizavam a necessidade de o governo abrir-se para negociações, muito se comentava nos corredores da Assembleia sobre o desconforto da base aliada na defesa de um governador cada dia mais impopular, com rejeição beirando os 90%, e envolto em crescentes denúncias de corrupção, o que na véspera havia levado um grupo de advogados a protocolar um pedido de *impeachment* do governador. Depois da aprovação de mudanças na ParanaPrevidência, os deputados que votaram a favor do governo passaram a ter suas fotos expostas em um quadro exibido pela APP-Sindicato no acampamento em frente à Assembleia no qual são rotulados como "inimigos da educação". O quadro já existia desde a primeira greve e ganhou novos rostos com a aprovação das alterações da previdência dos servidores.

Simultaneamente à greve geral deflagrada em maio, porém, o PSC, detentor da maior bancada na Assembleia e principal alicerce da base de Richa na casa, avisou que não votaria a favor de nenhuma proposta do governo que não repusesse as perdas dos servidores para a inflação. "A base cansou de apanhar pelo governo", observou de fora o deputado de oposição Requião Filho (PMDB). "Eles [os aliados do governo] não querem mais sangrar por causa do Richa, cansaram de servir de amortecedor."

O deputado Paranhos, líder do PSC na Assembleia, rechaçou na ocasião a interpretação de que o partido teria se rebelado. "É um recado de amigo para amigo. Nós não somos oposição e não vamos virar oposição, mas no caso do reajuste dos servidores não temos condições de apoiar nenhuma proposta que não reponha a inflação", declarou Paranhos. Ainda de acordo com ele, os cofres públicos começaram a receber em abril os recursos provenientes do tarifaço imposto por Richa no fim de 2014.

Por trás do jogo de cenas, fontes no Poder Legislativo apontavam ainda outros motivos para a postura do PSC no que dizia respeito à tentativa de se descolar um pouco de Beto Richa. Nas eleições de 2014, Ratinho Júnior, filho do apresentador Ratinho, foi o deputado mais votado do Paraná, com mais de 300 mil votos. A boa votação de Ratinho Júnior fez a bancada do PSC na Assembleia saltar de duas cadeiras na legislatura anterior para mais de uma dezena. Secretário de Desenvolvimento Urbano de Richa, Ratinho Júnior começava a ser apontado antes da crise como um dos mais cotados para ser o candidato do governo nas eleições para prefeito de Curitiba em 2016. Os acontecimentos ocorridos entre o fim de 2014 e o início de 2015, porém, tinham potencial para tornar ingrata a missão de quem quer que viesse a se candidatar com o apoio daquele que em pouco tempo tornou-se um dos políticos mais impopulares do país. Basta lembrar que depois da repressão aos professores em 1988 o ex-governador Álvaro Dias até tentou, mas não conseguiu voltar ao Palácio Iguaçu.

Enquanto isso, às vésperas do aniversário de um mês do Massacre do Centro Cívico, estudantes e professores do Colégio Estadual do Paraná (CEP) tiraram a tarde de 26 de maio para distribuir aos deputados dezenas de "balas de borracha". As borrachas cuidadosamente embaladas em papéis de bala foram distribuídas no início da sessão. "Não é para apagar o que aconteceu naquele dia, mas para corrigir", explicou o deputado Professor Lemos.

Tava lá um corpo estendido no chão. Não bastasse o massacre imposto pelo governo, bancada evangélica ainda sabotaria o plano estadual de educação. *(Foto: Joka Madruga)*

o massacre revisitado

Já havia se passado um mês do Massacre do Centro Cívico. Mas 29 de maio chegou ainda sem um acordo entre o governo e os servidores em greve, uma vez que as propostas de reajuste não repunham nem ao menos a corrosão dos salários pela inflação. Acampados na Praça Nossa Senhora de Salette, milhares de grevistas realizaram uma série de atos para não deixar passar em branco o aniversário de um mês da tragédia. Eles denunciaram a truculência do governo e a falta de diálogo com Beto Richa e rebatizaram simbolicamente a Praça Nossa Senhora de Salette como "Praça 29 de Abril: Menos Bala, Mais Giz". Um adesivo azul imitando uma placa de sinalização de rua foi colocado em uma das placas que identificavam a praça, quase em frente ao Palácio Iguaçu. Algum tempo depois a placa foi discretamente removida. E o poste foi junto, talvez para evitar que o adesivo fosse algum dia recolocado.

Na manhã daquela sexta-feira, os professores concentraram-se na Praça 19 de Dezembro, mais conhecida como Praça do Homem Nu, e seguiram em caminhada até o Centro Cívico. Durante o percurso, do alto de um caminhão de som, o secretário de comunicação da APP-Sindicato, Luiz Fernando Rodrigues, dizia que os professores e demais servidores paranaenses não permitiriam que a data caísse no esquecimento e, a partir de 2016, voltariam ao Centro Cívico todos os anos no 29 de abril para atos de preservação da memória. O ato reuniu 10 mil pessoas, segundo a APP-Sindicato (3 mil segundo a prefeitura e a polícia).

O governo Beto Richa, por seu lado, encontrou uma maneira peculiar de marcar a data: voltou a recorrer à judicialização da greve. O Palácio Iguaçu anunciou ter acionado o TJ-PR numa tentativa de sufocar financeiramente a APP-Sindicato. Richa pedia o bloqueio das contas da APP e queria impedir também o recolhimento das contribuições sindicais dos professores e funcionários associados com o pretexto de garantir o pagamento de uma multa de R$ 1,24 milhão imposta à entidade referente aos dias parados na segunda greve. "Beto Richa segue na linha que temos denunciado, de aplicar no Paraná um estado de exceção", comentou na manhã de 30 de maio o presidente da APP-Sindicato, Hermes Leão. "A intenção de uma medida como essa, da qual o sindicato dos agentes penitenciários também já foi alvo no passado, é inviabilizar nossa capacidade de mobilização e articulação da greve", prosseguiu.

Educadores tingem de vermelho o espelho d'água em frente ao Palácio Iguaçu. *(Foto: Joka Madruga)*

Mais atenta à gravidade do momento, a Defensoria Pública do Paraná aproveitou o aniversário de um mês do massacre para dar início a uma ação civil que pedia a condenação do estado por danos morais coletivos e pagamento de R$ 5 milhões em indenizações às vítimas do massacre. O futuro da ação ainda dependeria da conclusão da investigação sobre o episódio aberta pelo Ministério Público no início de maio.

richa intensifica ofensiva contra grevistas

Mesmo assim, a APP marcou posição contra a ação de Richa. A coordenadora do Fórum das Entidades Sindicais e secretária de Finanças da APP-Sindicato, Marlei Fernandes, qualificou a ação do governo como "perseguição ao movimento" dos professores. "É impossível que o governo consiga contratar 70 mil pessoas. Não existem tantos profissionais assim no mercado."

Hermes Leão, por sua vez, disse que o problema não era com o edital de convocação em si, mas com o uso desse mecanismo pelo governo como instrumento para buscar o enfraquecimento da greve. "Nós consideramos que tanto o edital quanto a tentativa de bloqueio das contas são ataques frontais ao direito de greve", declarou.

A APP-Sindicato buscava naquele momento a ajuda do Ministério Público depois de o governo ter obtido sucesso na judicialização da greve. O TJ-PR ordenou em 2 de junho o retorno imediato às aulas e condenou a APP a pagar multa de R$ 40 mil por dia de paralisação, o dobro do estipulado anteriormente. Ao julgar o recurso, o TJ não considerou a greve abusiva. A Justiça, no entanto, ainda não tinha se pronunciado sobre o pedido de arresto das contas da APP pelo governador para pagar as multas decorrentes da greve.

uma nova proposta de reajuste

Enquanto Richa dava continuidade a sua ofensiva contra os servidores, deputados estaduais paranaenses emergiram no início de junho com uma nova proposta de reajuste aos quadros do funcionalismo público vinculados ao Poder Executivo. Pela proposta apresentada em 3 de junho, o governo paranaense pagaria 3,45% de reajuste em parcela única em outubro de 2015, anteciparia a data-base e reporia o IPCA nos meses de janeiro de 2015, 2016 e 2017 e compensaria os meses de defasagem em 2015 com 1% de aumento real sobre a data-base de maio de 2017. Em 2018, a data-base voltaria para maio.

Anunciada a representantes do Fórum das Entidades Sindicais em reunião realizada na tarde daquela quarta-feira na Assembleia, a nova proposta dos legisladores veio à tona dias depois de a base do governador Beto Richa ter-se rebelado, ainda que o termo "rebelião" tenha sido evitado pelos deputados da situação. Cansados de absorver os mais fortes impactos da intransigência de Richa, os deputados aliados recusaram-se a levar a votação uma proposta – "irrecusável", segundo o governador – encaminhada pelo Executivo à Assembleia na semana anterior e imediatamente rechaçada pelos servidores. Os deputados aliados deixaram claro que só votariam o tema quando houvesse consenso.

A proposta apresentada em 3 de junho teve o aval do Palácio Iguaçu antes de ser apresentada aos servidores. O texto era endossado tanto por deputados de situação quanto de oposição, o que tornava improvável que viesse a ser rejeitado pela Assembleia caso os servidores encerrassem suas paralisações. Os servidores vinham exigindo o pagamento à vista de 8,17% em maio para repor as perdas para a inflação nos 12 meses anteriores, mas o governo evitava o diálogo e insistia em ofertas de pagamentos parcelados e consideravelmente abaixo da inflação no período. "Não é a proposta que nós queríamos, não é uma proposta que agrada, mas é a proposta possível nesse momento e que pode ser apresentada ao conjunto de nossas categorias", avaliou a coordenadora do FES, Marlei Fernandes, ao deixar a reunião com os deputados em 3 de junho

Rir para não chorar. *(Foto: Joka Madruga)*

educadores encerram greve

A proposta dos deputados estava longe de satisfazer plenamente à demanda dos servidores e ainda não tinha sido votada em plenário, mas foi suficiente para acabar com quase todas as paralisações. A maior e mais duradoura delas, protagonizada pelos professores da rede estadual, terminou em 9 de junho, uma terça-feira, quando os educadores decidiram em assembleia pela volta às salas de aula. Somente os professores das universidades estaduais mantiveram-se em greve depois da nova proposta.

A situação nas escolas públicas do Paraná, enquanto isso, voltou rapidamente ao normal. Uma semana depois do término da segunda greve, restava apenas determinar o calendário de reposição dos 49 dias letivos de paralisações. A expectativa era de que um acordo fosse fechado logo. A APP-Sindicato defendia a inclusão de uma sexta aula diária na grade, além de 12 sábados de aulas até o fim do ano. Na avaliação da entidade, a sexta aula diária e os 12 sábados de trabalho resultariam na carga pré-determinada de 800 horas-aulas em 2015 e permitiriam a conclusão do ano letivo em 23 de dezembro. Já o governo concordava com as aulas aos sábados, mas insistia na manutenção das cinco aulas diárias e defendia a realização dos

200 dias letivos, o que levaria o ano letivo corrente a terminar somente em fevereiro de 2016.

"Estamos debatendo intensamente a reposição do calendário com a sociedade, com a comunidade escolar, com pais e mães, para pensar numa solução que melhor organize o ano letivo de 2015", explicou o professor Hermes Leão na época. "Respeitadas as especificidades de cada município, queremos que o calendário seja o mais dinâmico possível e atenda aos direitos dos estudantes, preferencialmente que o ano letivo se conclua até 23 de dezembro deste ano", defendeu ele. Questionado sobre se seria realmente possível concluir o ano letivo antes das festas de fim de ano depois de duas greves que somadas duraram mais de dois meses e meio, o presidente do sindicato dos professores afirmou: "Estamos fazendo um estudo constitucional para garantir as 800 horas previstas ainda em 2015. Existem pareceres favoráveis a este entendimento. As aulas já estão acontecendo. Nada impede que o melhor calendário seja aprovado e homologado na sequência".

A situação mais preocupante envolvia os alunos do terceiro ano do ensino médio, que pretendiam prestar vestibular ainda em 2015. Ainda assim, os sindicatos dos professores universitários estudavam meios de atrasar o calendário dos vestibulares para que esses alunos pudessem participar. "Se a gente mantiver o calendário, os alunos da rede (estadual) ficarão prejudicados", explicou o presidente da Adunioeste, Antonio Bosi. "Nós vamos tentar elaborar um calendário que esteja em sintonia com o das escolas públicas, mas isso no pós-greve", prosseguiu ele.

A dúvida naquele momento era se haveria vontade política do governo para concluir o ano letivo ainda em 2015. Os professores manifestavam desconfiança de que o governo teria como objetivos culpabilizar os educadores pela prorrogação das aulas até o início do ano seguinte e ao mesmo tempo dificultar novas mobilizações da categoria caso Beto Richa descumprisse os acordos assumidos com a categoria. As escolas da rede pública estadual do Paraná então apresentaram à Secretaria de Educação seus calendários para a reposição dos 49 dias letivos em meio à ameaça do governo de vetar qualquer proposta que incluísse uma sexta aula diária.

A APP-Sindicato chegou a levar ao governo uma proposta construída em conjunto com pais e alunos para que os 49 dias letivos fossem repostos com aulas em 12 sábados e a inclusão de uma sexta aula diária na grade. O governo, porém, insistia no cumprimento de 200 dias letivos, conforme estabelece a Lei de Diretrizes e Bases (LDB). Na avaliação da APP, porém, a LDB permite, em situações extraordinárias, a adequação do calendário para que sejam cumpridas 800 horas de aula. Pais, mães e professores chegaram a realizar um protesto em frente à Secretaria da Educação em 22 de junho para exigir a inclusão da sexta aula diária na grade. O deputado Tadeu Veneri qualificou então como "birra" a insistência de Richa nos 200 dias letivos.

Apesar da intransigência do governo, diversas escolas, com o apoio de pais e alunos, enviaram à Secretaria de Educação propostas que incluíam a sexta aula diária. "A gente tem esperança de que cada caso seja analisado individualmente. A participação de pais e mães é essencial, nós continuamos debatendo e as escolas estão insistindo", declarou Marlei Fernandes, secretária de Finanças da APP-Sindicato. Ela lembrou ainda que em 2014, por um motivo muito mais banal – a Copa do Mundo –, não foram cumpridos os 200 dias letivos.

No fim, pelo menos no que dizia respeito à reposição das aulas, prevaleceu o bom senso. Em 25 de junho, em uma reviravolta em favor dos estudantes, o Conselho Estadual de Educação emitiu parecer em favor da inclusão de uma sexta aula na grade diária pelas escolas que assim preferissem.

O pedido da APP-Sindicato ao Conselho Estadual de Educação baseou-se na proposta construída pelos professores e funcionários das escolas em conjunto com pais, mães e estudantes com o objetivo de garantir a reposição dos 49 dias letivos durante os quais os alunos ficaram sem aulas por causa de duas greves promovidas pelos educadores na tentativa de evitar perdas impostas a eles e a outros servidores públicos. "Estávamos recebendo diversos pedidos de estudantes, das comunidades escolares, professores e diretores entendendo que o melhor seria a gente fazer o esforço da sexta aula, que organiza melhor a vida dos estudantes", explicou Hermes Leão.

A normativa previa a reposição com a inclusão da sexta aula diária e com a abertura das escolas em 12 sábados, o que permitiria, para as escolas que a adotassem, encerrar o ano letivo corrente em 23 de dezembro. Sem a sexta aula, o ano letivo se estenderia até fevereiro ou março de 2016. O parecer do Conselho Estadual de Educação sugeria ainda que a duração das aulas fosse abreviada de 50 para 45 minutos nas escolas que adotassem a sexta aula.

"O calendário escolar deverá adequar-se às peculiaridades locais, inclusive climáticas e econômicas, a critério do respectivo sistema de ensino, sem com isso reduzir o número de horas letivas previstas nesta Lei", estabelece o parágrafo 2º do artigo 23 da LDB, que respalda a normativa do conselho de educação.

"Tendo o respaldo legal de um órgão importante como o conselho, a Secretaria de Educação ganha mais autonomia e tranquilidade para assimilar esse entendimento", avaliou Hermes Leão.

"Temos que atender a necessidade dos alunos para que não sejam prejudicados. Por isso, cada calendário precisa ser minuciosamente analisado pela Secretaria", declarou por sua vez Ana Seres Comin em entrevista coletiva. "Também não podemos exigir que o transporte escolar funcione onde as prefeituras não têm condições de atender os estudantes com o tempo diferenciado das aulas", prosseguiu ela.

Havia, no entanto, precedentes diversos ocorridos no Paraná para sustentar a adequação do calendário sem a necessidade de cumprimento dos 200 dias letivos, sempre com a autorização do Conselho Estadual de Educação. Em 1990, quando a APP protagonizou uma greve de quase 100 dias de duração, a solução encontrada foi cumprir a carga horária de aula ao invés do número de dias letivos exigido pela LDB. Em 2009, quando houve o surto de gripe H1N1, aconteceu o mesmo. Em 2014, inclusive, o calendário das escolas estaduais foi flexibilizado por causa da Copa do Mundo.

Na avaliação de Hermes Leão, a possibilidade de concluir o ano letivo ainda em 2015 beneficiaria o conjunto dos estudantes. "Do ponto de vista pedagógico e também no que diz respeito ao direito do aluno, é mais conveniente encerrar o calendário em 23 de dezembro", afirmou.

duas semanas depois do fim da greve, assembleia ratifica reajuste

A greve dos professores terminou em 9 de junho, mas a confirmação do reajuste aos servidores públicos vinculados ao Poder Executivo pela Assembleia Legislativa ocorreria apenas depois de quase duas semanas, após terem sido esgotados todos os recursos possíveis da oposição a Beto Richa na tentativa de derrubar a proposta e buscar em favor do funcionalismo o pretendido reajuste de 8,17%.

A oposição, inicialmente, foi favorável à proposta de reajuste originária da base governista e endossada pelo Palácio Iguaçu, mas recuou depois de perceber que o governo provavelmente teria, graças ao aumento de receitas, dinheiro disponível para conceder o índice reivindicado pelos servidores.

O projeto aprovado por 29 votos a favor e 19 contra no fim de junho previa reajuste de 3,45% a ser pago somente em outubro. Foi a primeira vez desde a entrada em vigor da chamada Lei da Data-Base, em 2007, que o governo paranaense não repôs pelo menos a inflação dos 12 meses anteriores a maio.

É fato que a proposta de 3,45%, forjada a partir de um consenso entre situação e oposição na Assembleia, contribuiu para pôr fim à longa greve dos professores, uma vez que o texto aprovado comprometia o governo a repor a inflação dos 12 meses anteriores em janeiro de 2016, garantia também a reposição da inflação em janeiro de 2017 e previa a retomada da data-base original em 2018, além de um reajuste que assegurasse aos servidores do Executivo ganho real de 1% em maio de 2017.

Selado o acordo, porém, os ânimos voltaram a se acirrar depois que a oposição se deu conta de que o governo talvez dispusesse de recursos para pagar os 8,17% exigidos pelos servidores. Na semana seguinte ao acordo, o secretário da Fazenda, Mauro Ricardo Costa, foi à Assembleia explicar as contas do estado nos primeiros meses deste ano. Os deputados de oposição entenderam que os aumentos de impostos e tarifas aplicados pelo governo a partir do fim de 2014 resultaram em um aumento de arrecadação bem acima do esperado.

A arrecadação do governo tinha crescido 12,2% de janeiro a maio, aumentada principalmente pelo aumento nas alíquotas de IPVA e ICMS de dezenas de milhares de produtos, entre eles os combustíveis. A estimativa original do governo era de que a arrecadação cresceria 10% no período. Nas contas da oposição, a diferença superior a dois pontos porcentuais entre a projeção original e a receita realizada corresponderia a R$ 606 milhões. "Os números oficiais mostram um crescimento na arrecadação maior do que o estimado pelo governo. A diferença entre o que foi arrecadado e o que o governo esperava é mais do que suficiente para cobrir o impacto de R$ 538 milhões no caixa para o pagamento imediato do reajuste de 8,17%", detalhou na ocasião o deputado estadual Professor Lemos.

Antes da fala de Mauro Ricardo Costa, a oposição já havia apresentado uma sub-emenda à proposta original em uma derradeira tentativa de cobrir os 8,17%. Depois da exposição do secretário, certos de que haveria dinheiro em caixa, os deputados de oposição investiram na tentativa de impedir que os servidores do Executivo pagassem a maior parte da conta das medidas recessivas de Beto Richa. Depois que a sub-emenda foi rejeitada na CCJ da Assembleia, a oposição recorreu. O recurso foi julgado na tarde de 22 de junho e acabou novamente indeferido. Os deputados oposicionistas então recorreram ao plenário, mas foram novamente derrotados, dessa vez por 27 a 20. Com todos os recursos esgotados, a proposta de 3,45% foi para votação em plenário e passou.

Educadores protestam durante sessão na Assembleia. (Foto: Joka Madruga)

Na avaliação dos opositores, Beto Richa fez a opção política de pagar credores em detrimento de valorizar os servidores públicos estaduais. O deputado petista Péricles de Mello chamou a atenção para a falta de isonomia do governo ao tratar do reajuste dos servidores do Executivo. "Enquanto os funcionários de outros poderes, inclusive do Legislativo, todos eles com média salarial muito mais alta do que professores, policiais, servidores da saúde e agentes penitenciários, vão receber reajuste de 8,17% retroativo a maio, os servidores do Executivo vão ficar só com 3,45% e a promessa de que o restante será pago depois", declarou.

De fato, os servidores do Executivo arcaram com a maior parte da fatura das medidas recessivas de Richa. Os servidores do Executivo representavam em 2015 em torno de 60% do quadro do funcionalismo paranaense, mas consumiam o equivalente a 40% da folha de pagamento. Segundo cálculos do economista Cid Cordeiro, porém, os 292 mil servidores ativos e inativos do estado pagariam mais de 80% da conta. "Dos R$ 2,488 bilhões que o governo estima economizar com as medidas do ajuste fiscal, descontadas as vinculações constitucionais, R$ 2,025 bilhões sairão do bolso do funcionalismo", calculou o economista no fim de maio.

Em janeiro de 2016, por ter-se comprometido a repor a inflação auferida nos 12 meses anteriores segundo o IPCA, o governo pagou reajuste de 10,67% aos servidores do poder Executivo paranaense. Ainda assim, a base salarial dos professores do estado precisaria ser reajustada em mais 7,75% para atingir o piso nacional da categoria.

plano estadual de educação causa polêmica

A tarde de 22 junho foi mais movimentada do que de costume na Assembleia. Além da tramitação final do reajuste dos servidores, os deputados votaram um Plano Estadual de Educação formulado às pressas e com pouco debate. As emendas foram votadas em blocos e o resultado ficou muito aquém do que esperavam os educadores paranaenses. A proposta de elevar de 30% para 35% do orçamento a destinação obrigatória para a educação foi rejeitada pela Assembleia. Com isso, o Paraná, normalmente citado como referência positiva nos mais diversos assuntos, tornou-se o único entre os estados da federação a não prever um índice de elevação do orçamento da educação pública no plano para cumprir as metas e estratégias estabelecidas para os próximos dez anos. Também foram rejeitados itens previstos no texto-base como a valorização profissional e a formação inicial e continuada. Pelo plano aprovado, a equiparação do salário dos educadores com os de outras categorias do funcionalismo será feita "quando possível". Nos dias anteriores à votação, o debate sobre o que deveria ser um plano de educação consistente para a próxima década acabou sequestrado por grupos religiosos ultraconservadores preocupados com o que chamam de "ideologia de gênero". Esses grupos de vocação obscurantista tomaram as galerias da Assembleia e foram autorizados a entrar com faixas (algo sistematicamente negado, por exemplo, aos servidores durante as greves de 2015) acusando professores de uma suposta intenção de, nas palavras deles, ensinar às crianças que elas "não devem ter sexo". A maior parte das emendas referentes ao tema foi negada. Na avaliação dos educadores, porém, o saldo foi negativo. "O texto original foi completamente alterado. Ele veio com diversas proposições de formação, combate ao preconceito a diversas populações e aquelas providas por preconceito por orientação sexual, de gênero e de raça. Nenhuma delas permaneceu", observou Karla Mazia, que atuou na elaboração do Plano Nacional de Educação e é assessora da Secretaria de Assuntos Municipais da APP-Sindicato.

"Nós consideramos uma grande perda do texto original, apresentado pelo próprio governo e pela Secretaria de Educação, das emendas apresentadas pelos movimentos e da conferência estadual do ano passado que antecederam essa discussão", avaliou ela. "Isso satisfaz aos fundamentalistas religiosos, pois no chão da escola os profissionais e estudantes continuaram a se debater com questões movidas pelo preconceito dentro das salas de aula. Efetivamente não muda a realidade, somente coloca um pano sobre o assunto, como se ele não existisse", prosseguiu Karla. "Esse é o principal questionamento dos professores, que a realidade no chão da escola não será diferente amanhã, que os alunos continuam precisando de suporte, e os professores de formação, para lidar com as questões providas por qualquer forma de preconceito, sejam elas de raça, de gênero, de orientação sexual de etnia etc.", concluiu ela. Enquanto isso, na Câmara Municipal de Curitiba, bem mais conservadora que a Assembleia, a pressão dos religiosos teve mais sucesso. Os vereadores curitibanos aprovaram no plano municipal emendas que preveem, por exemplo, a retirada de termos como "diversidade" e "gênero", a não confecção de materiais didáticos com orientações sexuais e identidade de gênero e o veto à inclusão de nomes sociais de transexuais em documentos escolares.

O "supersalário" dos professores paranaenses

Em meio aos debates na Assembleia sobre o plano estadual de educação e o índice de reajuste dos servidores públicos, governo e professores travavam paralelamente uma queda de braço sobre o calendário de reposição das aulas. Beto Richa ignorou o clima positivo proporcionado pelo fim da greve e resolveu realizar um novo ataque aos educadores. Em meados de junho, o governador chegou a dizer que os profissionais do magistério seriam os responsáveis pela crise financeira do Paraná para, em seguida, usar a agência estatal de notícias para tornar públicos, em tom de denúncia, vencimentos de professores que supostamente seriam maiores até que os de prefeitos de cidades do interior. Os "supersalários" dos professores passariam de R$ 27 mil. Os *holeriths* de alguns desses professores referentes ao mês de maio foram, inclusive, tornados públicos. Ao expor o salário dos docentes, o governo alegou ainda que o salário médio de um professor paranaense seria de R$ 4,7 mil.

De acordo com a APP-Sindicato, no entanto, um professor que ingressa no Estado para lecionar em salas de ensinos fundamental e médio recebe R$ 1.236,62 por 20 horas de trabalho ou R$ 2.473,24 por 40 horas.

Uma das peças usadas por Beto Richa na pseudodenúncia dos "supersalários" dos professores. Decisão judicial forçou Richa a recuar. (Montagem encontrada no BrasilPost, crédito fica para a AEN, que é a agência estatal de notícias do PR e que libera o uso das imagens)

O que o governo Beto Richa se esqueceu de contar em sua "denúncia" é que alguns professores receberam "supersalários" em maio por causa do pagamento retroativo de progressões e promoções atrasados havia um ano e meio. Tratava-se, portanto, de um pagamento acumulado de quantias atrasadas e que não se manteriam – ao contrário do salário do próprio governador, por exemplo – nos meses seguintes.

"Os valores divulgados são manipulados. Eles apresentam promoções, progressões, benefícios acumulados e não pagos. Foi a luta da categoria e as duas greves deste ano que garantiram o pagamento desses atrasados. É de uma covardia sem limite usar esses contracheques para justificar altos salários", acusou o professor Hermes Leão.

Acionado pela APP-Sindicato, o TJ-PR ordenou ao governo que retificasse os valores distorcidos referentes a supostos supersalários dos professores da rede pública publicados no Portal da Transparência do estado. Também ficou determinado que o governo retirasse do ar a nota publicada pela agência estatal de notícias em que os supostos supersalários foram comparados com os vencimentos dos prefeitos de 111 cidades paranaenses.

A decisão judicial contrária ao Palácio Iguaçu no caso dos "supersalários" dos professores, ocorrida no início de julho, causou constrangimento ao governo, mas não inibiu o estado de continuar a usar os meios à disposição contra qualquer coisa que se movesse ao encontro de seus interesses mais urgentes. A campanha de confronto permanente com os professores começava a ganhar ares de patrulhamento ideológico.

Na denúncia, a APP acusou o governo de utilizar o Portal da Transparência e a Agência de Notícias do Estado (AEN), ambos mantidos com dinheiro dos contribuintes paranaenses, para divulgar informações distorcidas sobre salários dos professores.

Rezende deu na ocasião 48 horas para que o governo retirasse do ar a comparação dos salários dos professores com os de prefeitos e estabeleceu prazo de 90 dias para que os dados no Portal da Transparência fossem ajustados. No link onde se encontrava a nota do governo com as informações distorcidas passou a constar um comunicado informando que, "em cumprimento à decisão do juiz Guilherme de Paula Rezende, da 4ª Vara da Fazenda Pública do Foro Central da Comarca da Região Metropolitana de Curitiba, a matéria intitulada 'Em 111 cidades, salários dos professores são maiores que os dos prefeitos' foi retirada da Agência Estadual de Notícias do Paraná".

Os salários divulgados pelo governo, alguns deles superiores a R$ 20 mil, constavam da folha de pagamento de maio. Tais vencimentos, no entanto, representaram um ponto fora da curva. No início do ano, ao término da primeira greve dos professores, o governo comprometeu-se a pagar nos meses seguintes as promoções e progressões de carreira devidas havia um ano e meio. As quantias devidas pelo governo havia pelo menos 18 meses foram pagas retroativamente em parcela única, motivo pelo qual alguns professores chegaram a receber três ou quatro vezes mais do que seus salários normais em maio, explicou o deputado estadual Professor Lemos. "A decisão da Justiça repõe a verdade", avaliou Lemos. "O governo mais uma vez agrediu os professores do nosso estado. Ele expôs os professores de modo mentiroso, como se eles recebessem realmente aqueles salários [todos os meses]. Tratava-se de direitos atrasados, devidos pelo governo, que deixou de implementar promoções e progressões. A Justiça corrigiu em tempo esse erro", prosseguiu o deputado.

O revés judicial de Richa ocorreu em meio a uma intensa campanha do governo com o aparente objetivo de minar a credibilidade dos professores depois de duas greves. Muitos imaginaram que a animosidade fosse diminuir quando os professores e estudantes voltassem às salas de aula, especialmente depois do Massacre do Centro Cívico. No entanto, a guerra de informação encampada pelo governo persistiu depois do fim da segunda greve, em 9 de junho, quando os educadores decidiram voltar ao trabalho mesmo com o governo terceirizando a negociação à Assembleia Legislativa e sem conseguirem nem ao menos repor as perdas para a inflação.

Apenas cinco dias depois do fim da greve, durante a convenção estadual do PSDB, o governador acusou os professores pela crise financeira paranaense e disse que "errou ao conceder generosos aumentos" à categoria. Nos dias seguintes, divulgou os supostos "supersalários" de professores. Além disso, na volta às aulas, os professores passaram a trabalhar em um clima qualificado pelo deputado estadual Professor Lemos (PT) como "patrulhamento ideológico". Em 22 de junho, a Secretaria de Educação publicou em seu site nota na qual orientava pais e mães a denunciarem o que qualificava como "doutrinação política dentro da sala de aula".

A mídia paranaense chegou a noticiar no período casos de pais que levaram adiante queixas contra professores, principalmente de história, por terem levantado em sala de aula temas como o Massacre do Centro Cívico.

"A Secretaria de Estado da Educação tem sido informada de que em algumas escolas da rede pública os alunos estão recebendo informações de caráter doutrinário e político", iniciava a nota do governo. "Conforme reclamações que chegam à Secretaria, alguns professores que fizeram greve estão insuflando crianças e adolescentes contra o governo do Estado", prosseguia o texto.

Hermes Leão confirmou a existência de denúncias anônimas contra professores. "Como são anônimas, não sabemos se são pais e mães ou se são servidores do governo", prosseguiu ele. "O que temos orientado ao pessoal sobre o conteúdo é evitar citação pessoal contra autoridades, mas o conteúdo, os fatos históricos, são sim elementos de estudo", explicou Hermes Leão. "Estas são práticas de governos autoritários e antidemocráticos", completou o presidente da APP.

O deputado Lemos concorda. "Isso é muito comum em regimes de exceção. Quando tivemos o triste período da ditadura no Brasil houve patrulhamento ideológico. O professor tinha inclusive que ter autorização do DOPS para lecionar. Ele passava por uma entrevista, por toda uma triagem para saberem o que ele pensava. Isso é lamentável, é mais um erro, mais uma agressão", criticou. "Nossa Constituição determina que a educação pública tem que ser ofertada com gestão democrática. E tanto a constituição quanto a Lei de Diretrizes e Bases da educação brasileira asseguram ao professor autonomia para, na sala de aula, fazer o seu trabalho", prosseguiu ele.

a ofensiva do governo continua

Mesmo com o fim das greves e a volta às aulas, o governo do Paraná manteve a política de achaque sistemático aos professores. Sempre que surgia a oportunidade, sem que houvesse provocação, o Palácio Iguaçu adotava medidas contrárias aos professores da rede pública estadual de ensino. Tal comportamento foi entendido como uma necessidade íntima de vingar-se dos educadores pelos constrangimentos causados com a resistência da categoria nos primeiros meses de 2015.

Houve casos como o de Willian Pilger, funcionário da secretaria de uma escola em Salto do Lontra, no sudoeste paranaense, denunciado por "denegrir a imagem da PM" depois de fazer a alunos um testemunho do que viveu no Centro Cívico em 29 de abril. Tratou-se, aparentemente, de um caso isolado, ainda que preocupante.

No segundo semestre, a eleição dos diretores voltou a ser tema de debate depois de o governo propor uma mudança de regras que, na prática, transformaria as comunidades escolares em currais eleitorais e permitiria à Secretaria de Educação substituir a direção caso esta não cumprisse determinados quesitos, o que levantou suspeitas de tentativa de interferência política do Palácio Iguaçu nas escolas estaduais do Paraná. Houve também um projeto apresentado por deputados evangélicos aliados de Richa que pretendia impedir que se falasse em política nas escolas. O projeto de lei, no entanto, foi sepultado com a colaboração decisiva do próprio líder do governo na Assembleia, deputado Luiz Claudio Romanelli.

Ainda em 2015, Beto Richa revelou um projeto de reorganização escolar nos mesmos moldes daquele apresentado pelo governador de São Paulo, o também tucano Geraldo Alckmin, e que resultou na ocupação de centenas de escolas pelos alunos da rede pública. Os projetos foram apresentados de maneira quase simultânea e, ao perceber a reação negativa de professores e estudantes, Beto Richa retirou a proposta de reorganização antes que a ocupação das escolas pelos alunos paulistas desencadeasse protesto similar no estado por ele governado.

No fim de 2015, Hermes Leão fez um balanço das perdas e ganhos no decorrer de um dos mais turbulentos anos da história da APP-Sindicato. "É preciso considerar que é um período de resistência, e não de avanço da pauta. Dessa forma, pode-se dizer que a gente impediu a desestruturação das carreiras. Esses direitos foram todos preservados. E também é muito importante a preservação da organização escolar. Foi mantido o mesmo patamar do ano anterior. Toda a pauta da greve de fevereiro foi conquistada. Isso é raro e foi reconhecido nacional e internacionalmente por outros sindicatos. Na greve de abril é preciso contabilizar dois prejuízos. O primeiro é o direito previdenciário. Embora seja menos danoso que o projeto original, o projeto aprovado no dia 29 traz prejuízo ao futuro da previdência do estado do Paraná, ainda que haja perspectiva de uma vitória no campo jurídico. Outro prejuízo importante refere-se ao reajuste da data-base. O governo desrespeitou a data-base e, depois de muita luta, saiu um projeto de lei que causa um prejuízo no curto prazo, mas que deve repor essa perda ainda no governo Beto Richa se essa lei for cumprida."

Os achaques posteriores ao massacre não se restringiram aos professores. O agente penitenciário Cláudio Franco teve a vida vasculhada depois de seu rosto ensanguentado ter-se transformado em um dos símbolos do 29 de abril. "Imediatamente uma pessoa revirou meu histórico funcional, meu ponto, pediram todos os detalhes da minha vida profissional", afirma. "Mas eu nunca respondi processo administrativo, não tenho faltas, não tenho atraso, mas sim dias em haver por dobrar horário quando tem falta de efetivo. Fui até fotografado e vigiado pelo serviço de inteligência. Tentaram de todas as maneiras e não conseguiram achar nada. Mesmo assim, acho que é questão de tempo até tentarem me transferir."

Em meio à persistente ofensiva contra os professores, Beto Richa passou a aparecer cada vez mais raramente em público. E quando havia notícias de eventos públicos com a presença do governador, professores e funcionários de escolas passaram a se mobilizar para protestar contra suas arbitrariedades. No fim de julho de 2015, por exemplo, Richa passou por Ponta Grossa para inaugurar uma obra ainda inacabada de coleta de esgoto e um trecho recém-duplicado de uma rodovia pedagiada. Foi recebido por um protesto de professores, estudantes e outros integrantes da comunidade local. Segundo relatos, apesar do aparato de segurança montado para isolar o governador, o motorista que o conduzia fugiu dos manifestantes em alta velocidade. E pela contramão.

De: Educadores do Paraná
Para: Beto Richa
(Foto: Joka Madruga)

ministério público denuncia richa, francischini e coronéis da pm

Um pedido de *impeachment* contra o governador tucano Beto Richa discretamente guardado em uma gaveta na presidência da Assembleia Legislativa do Paraná ganhou no fim de junho um adendo que aumentava as chances para que o caso fosse pelo menos levado ao plenário da casa, apertando ainda mais o cerco ao já desgastado governador. Apresentado por um grupo de advogados paranaenses, o documento foi protocolado na Assembleia em maio, mas continuava até aquele momento em "análise jurídica". Em 29 de junho de 2015, quando se completaram dois meses do Massacre do Centro Cívico, o Ministério Público do Paraná (MP-PR) apresentou denúncia formal contra Beto Richa, seu ex-secretário de Segurança Pública Fernando Francischini e os coronéis César Kogut, Arildo Luís Dias e Nerino Mariano de Brito e o tenente-coronel Hudson Teixeira, todos da Polícia Militar. Eles foram acusados pelo MP estadual de terem cometido crime de improbidade administrativa no massacre de 29 de abril. Os procuradores e promotores de Justiça designados para investigar o massacre descartam a possibilidade de que alguns dos denunciados não tivessem conhecimento dos detalhes da operação policial, uma vez que a estrutura montada implicou alto custo ao estado.

O MP-PR destaca na ação civil pública que os agentes estatais denunciados violaram os princípios da administração pública. O governador Beto Richa foi acionado por omissão, principalmente por não ter agido para impedir os excessos da polícia, em última instância a ele subordinada; Fernando Francischini foi denunciado pela gestão política e operacional de todos os aspectos da ação policial; o subcomandante-geral da PM, Nerino Mariano de Brito, responderá como principal responsável pela gestão operacional da ação; César Vinicius Kogut, ex-comandante-geral da PM, foi acionado por ter conferido apoio institucional à gestão operacional da ação; Arildo Luís Dias, comandante da operação, foi denunciado como executor da ação policial, tendo ele parcial autonomia em relação aos desdobramentos; e o comandante do Bope, Hudson Leôncio Teixeira, responderá pela execução da ação policial e pela parcial autonomia de que dispunha em relação aos desdobramentos.

Entre as irregularidades apontadas pelo MP-PR figuram, entre outras coisas, a interpretação deturpada do alcance das decisões judiciais referentes ao impedimento de acesso à Assembleia – o que resultou em cerceamento das liberdades de expressão, de manifestação, de pensamento e de reunião pública pacífica – e a ação policial violenta e desproporcional, colocando em risco a vida e a saúde das pessoas que se encontravam no local. "Além disso, os requeridos descumpriram as regras e diretrizes nacionais e internacionais de aplicação da força policial em relação a manifestações públicas, usando bombas químicas, gás lacrimogêneo, animais, lançador de granada, helicóptero e balas de borracha, entre outros equipamentos militares, o que aumentou o impacto da ação", destaca o advogado Tarso Cabral Violin.

"O Ministério Público Estadual fez um inquérito muito consistente", afirmou Hermes Leão. "Denunciou o governador, o secretário de segurança e quatro coronéis da Polícia Militar. Considerando a utilização da violência daquela forma, não se espera outra decisão que não seja a punição dessas autoridades diretamente ligadas ao ocorrido. Não se espera que sejam todos inocentados. Não faria sentido."

No dia seguinte à denúncia do MP-PR, o advogado Tarso Cabral Violin e os outros signatários do pedido de *impeachment* anexaram ao processo os 22 volumes da ação civil pública do MP-PR contra Beto Richa e seus subordinados. As investigações do MP estadual tiveram dois meses de duração, com 581 depoimentos colhidos em Curitiba e mais 33 cidades paranaenses. Há nos autos pelo menos 150 laudos periciais comprovando as lesões corporais sofridas pelos manifestantes submetidos a exame de corpo de delito. Também foram analisados 4.114 arquivos com fotografias e vídeos encaminhados ao MP-PR, muitos deles pelo e-mail criado exclusivamente para a recepção desse tipo de material. Ainda segundo o MP, estimativas apontavam que a repressão atingiria um custo total superior R$ 5 milhões aos cofres públicos paranaenses, entre gastos diretos com a ação policial e futuros pedidos de indenização pelas vítimas do massacre, uma quantia considerável para um governo em grave crise financeira.

Entrevistado sobre o assunto, Violin disse acreditar que a ação civil reforça o embasamento do pedido de *impeachment*. "O Ministério Público concluiu que ocorreu, sim, improbidade administrativa quando o governador se omitiu, ao deixar que acontecesse o massacre de 29 abril", enfatizou o advogado.

Nada disso garantia, no entanto, que o pedido de *impeachment* prosperasse, uma vez que o impedimento é um processo político, e o presidente da Assembleia pertencia à mesma sigla do governador, mas as ações tramitavam paralelamente e apertavam o cerco a um governador que vinha se desgastando em alta velocidade desde sua reeleição. Quando fosse concluída a análise jurídica do pedido de *impeachment*, o processo seria encaminhado a Traiano, que decidiria então se daria ou não sequência ao trâmite do processo na casa. No mês anterior, Traiano fora alçado a presidente estadual do PSDB.

Os meses se passaram e quase não se ouviu mais falar sobre o processo de *impeachment* na Assembleia. Dias depois, ao comentar o assunto, Beto Richa qualificou de "corriola" os advogados responsáveis pelo pedido de *impeachment*.

em julgamento simbólico, richa é responsabilizado pelo massacre do centro cívico

O sistema judiciário brasileiro tarda, e muitas vezes falha, especialmente quando uma ação envolve grupos políticos e econômicos privilegiados. Ainda assim, diante de evidências tão contundentes dos abusos cometidos em 29 de abril de 2015, a expectativa em torno da ação movida pelo Ministério Público é de que termine em alguma espécie de condenação dos envolvidos. Na noite de 8 de maio de 2015, menos de duas semanas depois do Massacre do Centro Cívico, professores do núcleo de ciências jurídicas da Universidade Federal do Paraná (UFPR) promoveram um exercício acadêmico que demonstrou o quanto estavam cientes da importância histórica dos acontecimentos de 29 de abril. No teatro da reitoria da UFPR, renomados juristas brasileiros protagonizaram um julgamento simbólico da administração Beto Richa pelo Massacre do Centro Cívico.

A sessão foi presidida pelo professor Ricardo Marcelo Fonseca, diretor do setor de Ciências Jurídicas da UFPR. Acompanhavam ele na mesa de trabalho a professora Vera Karam de Chueiri, vice-diretora de Ciências Jurídicas da UFPR, e o professor Sidnei Machado, da mesma universidade federal. O colegiado de julgadores contou com os juristas Celso Antonio Bandeira de

Melo (PUC-SP), Jorge Luiz Souto Maior (USP) e Larissa Ramina (UFPR), e com o sociólogo Pedro Rodolfo Bodê de Moraes (UFPR). Convidados, Fabio Konder Comparato e Flavia Piovesan não puderam comparecer, mas manifestaram-se por textos lidos durante o exercício. A defesa do governo coube ao advogado Arnaldo Busato. O julgamento simbólico contou ainda com uma comissão de observadores da sociedade civil e do Estado, entre eles representantes da Defensoria Pública do Paraná.

Ao longo de uma sessão de mais de três horas de duração, diante de um auditório lotado, o exercício acadêmico acolheu a acusação contra o Estado, ouviu testemunhas, entre elas o presidente da APP-Sindicato, Hermes Leão, e a secretária de Formação Sindical do SindSaúde, Mari Elaine Rodella, e abriu espaço também para a defesa do governador, tudo com a intenção de imergir os estudantes na experiência de um verdadeiro julgamento.

O Ministério Público do Paraná optou por não participar do evento acadêmico devido ao protagonismo que exerceria nos meses subsequentes, mas requisitou à mesa de trabalho que posteriormente enviasse o resultado do julgamento simbólico. A direção da UFPR também convidou o governo do Paraná, para que pudesse apresentar sua defesa no exercício acadêmico. Mas a Casa Civil recusou-se a participar formalmente do julgamento simbólico. Na recusa ao convite, a Casa Civil informou ter ordenado a abertura de um inquérito policial militar para apurar responsabilidades e alegou entender "prematura" a discussão sobre o tema, uma vez que as investigações não tinham sido concluídas naquele momento. Pouco antes do início do evento, o advogado Arnaldo Busato procurou a direção da UFPR para informar que encontrava-se ali atendendo a um pedido pessoal do governador Beto Richa para que pudesse apresentar a versão do governador para os fatos.

Ao ser anunciada a presença de Busato, o público presente ensaiou uma vaia, rapidamente controlada a pedido do presidente da sessão, para que se respeitasse naquele espaço o direito ao contraditório. No meio da manifestação de Busato, não faltou entre o público, composto majoritariamente de estudantes, quem virasse de costas para o palco da reitoria. Logo no início de sua intervenção, Busato apresentou-se errando o nome daquele a quem representava: "Estou aqui representando a pessoa física do governador 'Roberto Richa'". Busato disse ter atendido a um pedido pessoal do governador, que teria sido aconselhado por pessoas próximas a não enviar representante. Declarou ainda que, ao atender ao pedido, sentia-se como um advogado de defesa da monarquia perante os tribunais revolucionários estabelecidos após a Revolução Francesa: "Trago à convenção a verdade e a minha cabeça. Ela poderá dispor de uma, mas só depois de ouvir a outra". Busato admitiu ter havido erro do governo na condução política do processo. Também reconheceu que houve excessos por parte da Polícia Militar, algo que Richa recusava-se a admitir em público. O advogado evocou José Richa e levou aos presentes a mensagem de que o governador estava disposto a abrir-se ao diálogo. Ao defender Richa, Busato disse que a responsabilidade da operação fora delegada ao secretário Fernando Francischini e que por este motivo o governador não poderia ser responsabilizado pelos acontecimentos de 29 de abril. Foi a senha para que o público soltasse a vaia e entoasse o coro de "fora Beto Richa!". Concluiu sua fala conclamando ao diálogo e disse: "A parte do governador está sendo cumprida. Esperamos que a parte de vocês, no sentido do diálogo, também seja cumprida". Busato deixou o púlpito ouvindo gritos de "renúncia", obviamente direcionados ao governador.

O primeiro integrante do colegiado de julgadores a se pronunciar foi o jurista Jorge Luiz Souto Maior, da Universidade de São Paulo. Souto Maior observou que o sistema judiciário brasileiro em geral é bem menos enérgico ao tratar da supressão dos direitos sociais do que na garantia de direitos liberais clássicos. Ele responsabilizou Beto Richa pelo cerco policial em torno da Assembleia e afirmou que a intenção não era garantir a autoridade da decisão judicial. Acusou ainda o governador de ter agido de forma "premeditada, sustentada em vingança", e de ter-se aproveitado da decisão judicial que autorizou a medida para fazer uso da força policial do Estado de modo a confrontar os trabalhadores em greve. Souto Maior concluiu sua fala acusando Richa de improbidade administrativa, dada a desproporcionalidade do uso da força. Ele acusou ainda o governador de ter tentado inverter a responsabilidade, acusando as vítimas pelo massacre, e defendeu o pagamento de indenização a todas as pessoas que estiveram na manifestação. "Mas talvez a reparação mais justa seja a de verem fora do comando do Estado aquele que promoveu o enfrentamento", prosseguiu.

A seguir, a professora Larissa Ramina analisou o massacre do ponto de vista do direito internacional. Sob essa ótica, a preservação dos direitos humanos transcendeu o âmbito estritamente estatal e internacionalizou-se no decorrer das últimas décadas. Dentro dessa interpretação, o Estado responderia pela denúncia. O Paraná está, portanto, sujeito a tornar-se alvo de denúncia perante a Comissão de Direitos Humanos da Organização das Nações Unidas pelas graves violações ocorridas em Curitiba em 29 de abril. Isso não pode ocorrer, no entanto, sem que se esgotem as alternativas disponíveis na legislação brasileira para que a Justiça trate do caso e busque remediar os erros cometidos antes que esse possa ser internacionalizado. Nesse caso, uma eventual condenação não seria vinculante, restringindo-se ao constrangimento político e à possibilidade de boicotes e sanções comerciais. Existe também a possibilidade de denúncia ao Comitê de Liberdade Sindical da Organização Internacional do Trabalho, que independe da manifestação da Justiça local. Mais interessante do que essas alternativas, na visão de Larissa Ramina, seria levar o caso à Corte Interamericana de Direitos Humanos (CIDH), por seu caráter jurisdicional. Por ser signatário, desde 1998, do Pacto de San José da Costa Rica, que rege a CIDH, o Estado brasileiro pode ser denunciado, julgado e condenado perante a corte por uma série de artigos violados pela PM do Paraná em 29 de abril de 2015: direito à vida, direito à integridade pessoal, direito à liberdade de pensamento e expressão, direito de reunião, direito à liberdade de associação e direito de circulação e de residência. Além disso, os indícios de comprometimento e parcialidade da Justiça brasileira poderiam servir para tentar flexibilizar a exigência de prévio esgotamento dos recursos no sistema judiciário nacional. O Brasil poderia, portanto, ser condenado pela CIDH pelo uso abusivo da força policial contra os servidores públicos no Centro Cívico de Curitiba se falharem os dispositivos nacionais, concluiu Larissa.

O massacre ocorreu em 29 de abril de 2015, mas a ofensiva do governo persistiu pelos meses seguintes. *(Foto: Joka Madruga)*

O sociólogo Pedro Rodolfo Bodê de Moraes salientou que a repressão não se deu por atos isolados da tropa, constituindo, sim, uma ação organizada e deliberada do Estado, com ingrediente de vingança contra os servidores públicos. Ele qualificou como "grotesca" a tentativa do governo de responsabilizar as vítimas e defendeu a responsabilização do governador e, hierarquicamente, de seu secretário de Segurança Pública e do comando da Polícia Militar. "O que aconteceu [...] é tão somente mostra da truculência e de uma violência igual ou maior daquele que os pobres, favelados e população afrodescendente sofrem desde sempre." E prosseguiu: "ficou claro aqui o que a polícia sabe fazer e a serviço de quem ela atua". Bodê de Moraes defendeu ainda a desmilitarização e a unificação da polícia, a criação de dispositivos capazes de impedir a transformação das polícias em "guardas pretorianas privadas" a serviço do Poder Executivo e dos poderosos, e a concessão aos policiais do direito de desobedecer a ordens não legítimas.

O último integrante do colegiado de julgadores a se pronunciar foi o jurista Celso Antonio Bandeira de Mello, professor emérito da Pontifícia Universidade Católica de São Paulo (PUC-SP). Celso Bandeira de Mello declarou-se estupefato pelo fato de os acontecimentos de 29 de abril de 2015 terem ocorrido em Curitiba. "A imagem é de que Curitiba é um recanto do Brasil onde a civilização conseguiu se instalar", afirmou, arrancando risos dos presentes. "E esse governo conseguiu destruir em algumas horas uma imagem construída ao longo de decênios", prosseguiu. "Quem responde pelo Estado? Isso nem precisaria ser dito. Mas qualquer pessoa sabe que quem responde pelo Estado é o governador. Se o Estado fez o que fez, é ele quem tem que responder. Não adianta dizer 'foi fulano, eu demiti fulano'. Ele é o responsável. A sanção natural para o que aconteceu é o *impeachment* do governador", sentenciou o jurista.

A leitura das conclusões do colegiado e o consequente encerramento do exercício coube ao jurista Jorge Luiz Souto Maior. O colegiado de julgadores concluiu que o Estado perpetrou graves violações dos direitos humanos na tarde de 29 de abril de 2015. Foram considerados responsáveis, no julgamento do colegiado, o estado do Paraná, o governador Beto Richa, o secretário Fernando Francischini, o comandante da operação César Vinícius Kogut e demais autoridades envolvidas identificadas. Por unanimidade, eles recomendaram o impedimento de Beto Richa por crime de responsabilidade, a denúncia do Paraná perante a CIDH, com flexibilização da exigência de esgotamento dos recursos internos, a denúncia do estado perante a OIT por prática antissindical, a reestruturação do sistema de segurança pública com base na proposta de unificação e desmilitarização das polícias, além de que se garanta à classe trabalhadora efetivos direitos de organização e luta e a urgência de se reconhecer a existência de uma violência institucionalizada e mortal que se comete contra os pobres, os favelados, a população afrodescendente, as mulheres e a comunidade LGBT para o fim de se construir uma sociedade tolerante, igualitária e com efetiva justiça social.

"Embora tenha sido um julgamento acadêmico, simbólico, juristas reconhecidos fizeram uma condenação do governador. A fala do doutor Celso Bandeira de Mello foi muito explícita em favor do *impeachment* do governador do estado do Paraná", enfatizou Hermes Leão ao comentar a conclusão dos juristas.

***

A condenação de Beto Richa por alguns dos mais renomados juristas brasileiros deu-se por unanimidade, pelo menos no plano simbólico. Passado um ano do Massacre do Centro Cívico, resta ainda saber se a Justiça brasileira resolverá satisfatoriamente o caso – e entenda-se aqui por satisfatório a condenação dos agentes estatais responsáveis pela barbárie ocorrida em 29 de abril de 2015 – ou se obrigará as vítimas a recorrerem a instâncias internacionais na busca por seus direitos. E, a julgar pela postura do Estado, não parece improvável que isso venha a acontecer. Em parecer com a data de 2 de fevereiro de 2016, por exemplo, o promotor Misael Duarte Pimenta Neto, da Vara da Auditoria da Justiça Militar Estadual, recomendou o arquivamento do Inquérito Policial Militar aberto com o pretenso objetivo de apurar as responsabilidades dos agentes estatais envolvidos na repressão de 29 de abril. Ao tentar empurrar para baixo do tapete as graves violações cometidas pela polícia, Pimenta alegou que a operação da PM foi "concluída exitosamente" e que as ações dos líderes dos protestos eram "coisa genuinamente de facções radicais e regimes político-ideológico sectários e corruptos". A atitude do promotor, de blindar os autores da violência policial e culpabilizar as vítimas, causou desconforto entre integrantes do Ministério Público e foi criticada até mesmo pelo líder da bancada do governo na Assembleia, Luiz Cláudio Romanelli.

Ao mesmo tempo, as escolhas e os atos de Beto Richa como governador falam muito mais sobre sua visão para a educação pública do que qualquer um de seus discursos de campanha. As promessas de construção de novas escolas, de melhoria das instalações existentes, de valorização do magistério, de implantação de tecnologias e de ações para melhorar a qualidade do ensino no Paraná são palavras ao vento diante da "pedagogia do porrete" e da "pedagogia das planilhas", posturas estas muito parecidas com as que levaram a ações executadas em outros estados por brasileiros por governadores como Geraldo Alckmin, em São Paulo, e Marconi Perillo, em Goiás. Não à toa, são colegas de partido de Beto Richa e políticos ligados à mesma corrente ideológica do governador paranaense. Como bem define o professor Ricardo Costa de Oliveira, trata-se da mentalidade de "Estado mínimo, no sentido de retirar a função social, a função coletiva do Estado", e o Estado máximo para beneficiar elites empresariais, políticas, econômicas e financeiras. Também permeia esse debate, ainda que o assunto não tenha sido abordado neste livro, a unificação e a desmilitarização da polícia.

Ao fazer uso de seus poderes para flexibilizar as condições de trabalho dos servidores, Beto Richa prejudica o funcionamento dos serviços públicos como um todo, da educação à saúde, passando pela segurança pública, pelo serviço penitenciário e pelos tantos outros setores abraçados pelo Estado. Na educação, ao precarizar as condições de ensino dos jovens paranaenses nas escolas públicas, a intenção não pode ser outra que a formação de uma massa de mão de obra barata e desestimulada à crítica. Pode-se falar inclusive em uma sabotagem direta a qualquer intenção de formar no futuro próximo uma sociedade menos desigual e injusta no Brasil. Felizmente, assim como os estudantes paulistas, que simbolicamente pularam o muro para dentro da escola para fazer frente ao que o governador Alckmin chamava de "reorganização escolar", os professores e as professoras, os estudantes, seus pais, suas mães, os funcionários e as funcionárias das instituições de ensino do Paraná resistiram como foram capazes às investidas de Richa contra a escola pública. Os educadores pagaram não só com a perda de direitos e o assalto a suas aposentadorias, mas também com cicatrizes – as visíveis e as invisíveis. Mostraram, porém, que a resistência e o espírito crítico estão muito mais vivos do que querem fazer crer os setores mais conservadores de nossa sociedade.